Martin Rößler

Weihnachts Hüftgold

blv

Inhalt

Ein süßes Fest!

Was wäre Weihnachten ohne Plätzchen und Lebkuchen?
Ohne den verlockenden Duft nach Zimt oder frisch gebackenen
Butterstollen? Wahrscheinlich genauso langweilig wie ein
Nürnberger Konditor ohne sein eigenes Weihnachtsbackbuch!

Mein Name ist Martin Rößler, ich bin Konditormeister und bereits in der sechsten Familiengeneration Chef der Nürnberger Konditorei *Café Beer*. Ich freue mich ganz besonders, dass Sie gerade mein erstes eigenes Backbuch in Ihren Händen halten. Und dann auch noch ein Weihnachtsbackbuch. – Das ist für uns Konditoren in der Backstube zwar die anstrengendste Zeit des Jahres, aber zugleich auch die schönste. Bereits ab Mitte Oktober liegt jeden Tag der Duft von Weihnachten in der Luft. Vermutlich war es auch genau dieser Duft, der mich dazu verführt hat, Konditor zu werden.

Mich dazu gebracht, dieses Buch zu schreiben, haben eigentlich Sie, unsere lieben und treuen Kunden und Freunde unseres Hauses. Ihnen haben meine Rezepte von *Wir in Bayern* nicht mehr gereicht und Sie haben immer wieder nach etwas Neuem gefragt. Mit meinem Weihnachtsbackbuch möchte ich Ihnen und allen meinen Lesern deshalb gerne genau solch angenehme Gefühle und Erinnerungen an die Weihnachtsbäckerei schenken, wie ich sie habe.

Als Konditor gibt es für mich ohnehin nichts Schöneres, als in der Backstube mit süßen Zutaten zu experimentieren. Aber nicht nur für berufsmäßige Hüftgoldliebhaber ist gerade Weihnachten die Zeit der Fülle: Sie erinnern sich bestimmt gerne an Ihre Kindheit zurück, wenn Sie Teig stibitzt und heimlich vernascht haben. Oder, wenn Sie nach intensiver Suche endlich das Versteck gefunden haben und an das wunderbare Gefühl beim Öffnen der Dose mit den frischen Vanillekipferln. Dieser Duft! – Solche Plätzchenexpeditionen sind charmante Laster, denen viele von uns heute noch nachgehen. Weil's einfach dazugehört und rund um Weihnachten ebenso erlaubt ist wie das genussvolle Ignorieren diverser Kalorienspartabellen.

Damit Sie nach Herzenslust naschen, backen und immer wieder Neues entdecken können, habe ich mich inspirieren lassen von weihnachtlichen Evergreens ebenso wie von Christkindlesmarktsüßigkeiten. Auch einige Klassiker, wie die Donauwelle oder das Tiramisu, finden Sie im festlichen Weihnachtsgewand. Zahlreiche Kleinigkeiten, aber auch die ein oder andere aufwendige Torte haben so ins Buch gefunden. Keine Angst, was gut aussieht, ist nicht unbedingt kompliziert zu machen. Und eins haben alle Rezepte gemeinsam – sie werden dem Namen Hüftgold alle Ehre machen.

Jetzt bleibt mir Ihnen nur noch mindestens genauso viel Freude und Erfolg beim Nachbacken der Rezepte zu wünschen, wie ich beim Entwickeln und Ausprobieren hatte!

Ihr Konditormeister Martin Rößler

Glänzend gut Backen

Das Auge isst mit! Ganz besonders an den Feiertagen. Wie Sie auch zu Hause ganz unkompliziert und mit viel Freude die Rezepte im Buch und so manchen traditionellen Klassiker herausputzen können, erfahren Sie in diesem Kapitel.

Keine Sorge: Manche der Rezepte sehen auf den ersten Blick vielleicht kompliziert aus, sind es aber gar nicht. Es war und ist mir schon immer ein großes Anliegen gewesen, meinen Zuschauern und Lesern zu zeigen, wie man ganz einfach richtig gut backt. Sie brauchen dazu weder einen Patisseriekurs zu belegen, noch ausgefallene Zutaten im Spezialhandel zu besorgen.

Die richtigen Zutaten

Alle Zutaten bekommen Sie problemlos bei Ihrem Lebensmittelhändler. Das Erfolgsgeheimnis: echte Vanille und andere edle Gewürze, Sahne, Butter, Marzipan, Rosenwasser und hochwertige Schokolade. Wenn Sie wollen, dass Ihre Kuchen, Torten und Plätzchen so richtig gut schmecken, greifen Sie zum jeweiligen Geschmacksoriginal, also echter Vanille anstatt Vanillin, echter Butter anstelle von Margarine, hochwertiger Kuvertüre, guten Gewürzen und selbst gemachten Mischungen anstelle fertiger und oft künstlicher Aromen. Und auch »gewichtige« Zutaten wie Sahne, Mascarpone und Co. dürfen und müssen manchmal sein. Denn Fett ist eben ein wichtiger Geschmacksträger. Ich genieße lieber weniger richtig Gutes, als viel Mittelmäßiges. Da halte ich es mit meinen Hüftgoldrezepten wie mit dem echten Edelmetall: Kleine, feine Köstlichkeiten schmücken und schmecken doch besser als viel leichter »Modeschmuck«.

Mein Lebkuchengewürz-Rezept sowie eine selbst gemachte Gewürzessenz finden Sie übrigens auf Seite 10.

Die richtige Deko

In meinen Rezepten steckt nicht nur ordentlich Hüftgold, mir war es auch wichtig, Ihnen mit auf den Weg zu geben, wie Sie mit dem ein oder anderen Profitrick Ihre selbst gebackenen Plätzchen, Kuchen oder Torten auf der Festtagstafel, dem Gabentisch oder als kleine Geschenke so richtig zum Glänzen bringen. Selbstverständlich können Sie, wenn es mal schneller gehen muss, besonders aufwendige Dekorationen wie Karamell-Engelshaar, Schokoflügel oder Schokoladensterne einfach weglassen. Und es gibt auch eine große Auswahl an Schokoladen- und Zuckerstreugut zu kaufen. Aber gerade zu Weihnachten geht es beim Backen nicht in erster Linie ums Tempo. Rund um die Festtage dürfen Kuchen und Torten ganz besonders glänzen. Ein schöner Anlass, sich an die ein oder andere etwas zeitaufwendigere, aber ganz sicher machbare süße Herausforderung zu wagen. Auf den folgenden Seiten finden Sie einige Grundrezepte, die im Buch immer wieder zum Einsatz kommen, mit denen Sie aber auch andere Gebäcke verzieren können. Gerade in der Vorweihnachtszeit macht man ja meist mehrere Rezepte gleichzeitig. Dann lohnt sich der Mehraufwand umso mehr.

Kuvertüre temperieren

Nur dadurch wird eine Überzugskuvertüre schön seidig und matt glänzend. Kuvertüre sollte immer klein gehackt werden.

1. 2 Drittel der benötigten Kuvertüre über dem Wasserbad auf 45 Grad erhitzen.

2. Vom Wasserbad nehmen. Die restliche Kuvertüre dazugeben und unter gelegentlichem Rühren langsam einschmelzen lassen.

3. Sobald die Temperatur der Kuvertüre auf circa 27 Grad gesunken ist, die Kuvertüre zurück aufs Wasserbad geben und langsam wieder erwärmen: Zartbitterkuvertüre auf 31 bis 32 Grad, Vollmilchkuvertüre auf 30 bis 31 Grad, weiße Schokolade auf 29 bis 30 Grad.

4. Zum Testen eine Messerspitze in die Kuvertüre tauchen: Wird sie beim Festwerden streifig, muss sie noch etwas gerührt werden. Wird sie grau, muss sie mit etwas klein gehackter Kuvertüre abgekühlt werden.

Schokoladen-Flügel

Zutaten
für etwa 80 Stück

ca. 200 g Zartbitterkuvertüre, temperiert
reichlich Backpapier * Nudelholz oder
Papphülsen von Küchenrollen

1. Backpapierstreifen von circa 6 Zentimetern schneiden. Diese der Länge nach an die vordere Kante der Arbeitsplatte legen.

2. Mit einer breiten Messerspitze in die Kuvertüre eintauchen und damit möglichst dicke, nicht ganz 6 Zentimeter hohe Schokospitzen nebeneinander auf die Backpapierstreifen stempeln.

3. Die Streifen, wenn die Kuvertüre noch biegsam ist, über einem Nudelholz runden und festkleben oder zum Festwerden in eine Küchenrollen-Pappröhre schieben.
Nach dem Festwerden vorsichtig das Backpapier abziehen. Die ungebogenen Flügel eignen sich auch hervorragend als Tortendeko.

Gewürzessenz

Zutaten

250 ml Rum ✳ 250 ml trockener Rotwein ✳ Abrieb von 5 Bio-Orangen ✳ Mark und Schale von 2 Vanilleschoten ✳ 30 Gewürznelken ✳ 15 Koriandersamen ✳ 2 Zimtstangen ✳ 1 TL Pimentkörner

1. Alle Zutaten in einem Topf aufkochen lassen und über Nacht abgedeckt im Kühlschrank ziehen lassen.

2. Am nächsten Tag die Gewürzessenz abseihen und in ein Schraubglas oder -fläschchen abfüllen. Sie hält im Kühlschrank etwa 12 Monate.

Einsatzmöglichkeiten: Die Gewürzessenz eignet sich für verschiedene Cremes oder, mit Läuterzucker verlängert, zum Tränken von Tortenböden.

Dosierung: Je nach Geschmack und gewünschter Intensität individuell dosieren.

Lebkuchengewürz

Zutaten

100 g Zimt, gemahlen ✳ 2 g Nelke, gemahlen ✳ 2 g Ingwer, gemahlen ✳ 2 g Kardamom, gemahlen ✳ 2 g Macis (Muskatblüte), gemahlen

Um sein Lebkuchengewürz macht jeder Lebkuchenbäcker ein großes Geheimnis – natürlich zurecht, denn das Gewürz ist quasi die Seele eines Lebkuchens. Ich persönlich mag eher die ausgewogenere Mischung der Gewürze, sodass kein Gewürz außer dem Zimt besonders stark hervorschmeckt. Experimentieren Sie, mit der Zeit werden Sie Ihr eigenes Geheimrezept herausfinden.

Einsatzmöglichkeiten: Neben Lebkuchenteigen können Sie damit auch Mürbeteige, Rührteige, Cremes, Füllungen und vieles mehr in Weihnachtsstimmung bringen.

Dosierung: Je nach Geschmack und gewünschter Intensität individuell dosieren.

Dosenmilchkaramell

Zutaten
400 ml gesüßte (45 % Zucker)
Kondensmilch in der Dose

1. Eine Dose gesüßte Kondensmilch für 3 Stunden im Wasserbad langsam ganz leicht köcheln lassen. Dabei immer wieder überprüfen, ob die Dose noch komplett mit Wasser bedeckt ist.

2. Die Dose muss vor dem Öffnen komplett auskühlen. Ungeöffnet ist das Dosenmilchkaramell ungefähr 3 Monate haltbar.

Eiweißglasur

Zutaten
5 Eiweiße ∗ 600 g Puderzucker ∗
2 TL Zitronensaft

1. Das Eiweiß mit Puderzucker und Zitronensaft steif schlagen.

Tipp

Farbenspiele: Die Eiweißglasur kann mit flüssiger Lebensmittelfarbe oder Farbpulver beliebig eingefärbt werden.
Möchten Sie mit der Glasur plastische Verzierungen, etwa die Schneemannnasen von Seite 112, aufsetzen, sollten Sie die Mischung sehr dick halten.

Läuterzucker

Zutaten
2 Teile Zucker ✳ 1 Teil Wasser

Läuterzucker ist eine wässrige Zuckerlösung, die man zum Tränken, etwa für die Savarins von Seite 62, zum Glasieren oder zum Süßen von Cremes und Flüssigkeiten immer gut gebrauchen kann. Ich bereite für meine Rezepte immer einen besonders dicken Läuterzucker im Verhältnis 2:1 zu.

1. Zucker und Wasser in einem Topf mischen und aufkochen, bis sich der Zucker vollständig gelöst hat. Dann sofort vom Herd nehmen und abkühlen lassen.

2. Sofort weiterverwenden oder in Flaschen abfüllen. Im Kühlschrank hält Läuterzucker mehrere Wochen.

Engelshaar

Zutaten
250 g Zucker
Backpapier ✳ große Gabel ✳
Schere

1. Den Zucker in einer beschichteten Pfanne karamellisieren lassen. Sobald der Zucker vollständig geschmolzen ist und sich hellgolden verfärbt hat, die Pfanne vom Herd nehmen und direkt neben ein Blech mit Backpapier platzieren. Vorsicht beim Arbeiten, das Karamell ist sehr heiß!

2. Zum Ziehen der feinen Engelslocken eine große Gabel mit den Zinken in das Karamell tauchen. Er sollte leicht zäh von der Gabel laufen. Ansonsten noch etwas abkühlen lassen. Dann immer wieder mit der Gabel eintauchen und mit hoher Geschwindigkeit über das Backpapier wedeln.

3. Das Engelshaar ist noch kurz flexibel und kann in der Zeit nach Wunsch gebündelt, versponnen und zugeschnitten werden.

Wiener Boden

Zutaten
für 1 Boden 26 cm Ø

60 g Butter ✳ 6 Eier ✳ 170 g Zucker ✳
100 g Weizenmehl Type 405 ✳
40 g Speisestärke ✳ 20 g Kakao
26er Springform, Ränder gefettet, Boden mit
Backpapier ausgelegt

1. Den Backofen auf 180 Grad Umluft
vorheizen. Die Butter zerlassen und dann
abkühlen lassen.

2. Inzwischen Eier und Zucker unter ständigem Rühren über dem Wasserbad auf 50 Grad
erhitzen, anschließend in der Küchenmaschine kalt und sehr schaumig schlagen.

3. Mehl, Speisestärke und Kakao vermischen,
dann vorsichtig unter die Eiermasse heben.
Anschließend die flüssige Butter unterziehen.

4. In der Springform auf der mittleren
Schiene des Ofens circa 25 Minuten backen.

Brandmasse

Zutaten
für ca. 50 Windbeutel

150 ml Milch ✳ 150 ml Wasser ✳
90 g Butter ✳ 5 g Zucker ✳ 1 Prise Salz ✳
1 Prise Muskat ✳ 150 g Weizenmehl
Type 405 ✳ 4 Eier
Spritzbeutel mit Lochtülle 10 mm Ø ✳
2 Backbleche mit Backpapier

1. Milch, Wasser, Butter, Zucker, Salz und
Muskat in einem Topf zum Kochen bringen.
Das Mehl auf einmal dazugeben und mit
einem Holzspatel einrühren.

2. Die Masse weiterrühren und dabei »abrösten«, bis sich ein weißer Belag am Topfboden gebildet hat. Dann in eine Schüssel
füllen und mit einem feuchten Tuch abgedeckt lauwarm abkühlen lassen.

3. Den Backofen auf 200 Grad Umluft vorheizen. Die Eier einzeln mit einem Schneebesen langsam und gründlich unter die lauwarme Brandmasse rühren.

4. Die Brandmasse in einen Spritzbeutel
füllen und mit mehr als doppeltem Abstand
50 haselnussgroße Kugeln auf 2 Backbleche
aufspritzen.
Im Ofen für circa 20 Minuten backen.
Anschließend auf einem Kuchengitter vollständig auskühlen lassen.

Tipp

So geht Windbeuteln nicht die Luft aus:
Damit sie nach dem Backen nicht zusammenfallen, die Backofentüre nach 10 Minuten einen kleinen Spalt öffnen und mit der
leicht geöffneten Türe fertig backen.

Süße Vorfreude

HÜFTGOLD-APPETITHÄPPCHEN
UND KÜCHLEIN FÜR DIE ADVENTSZEIT

Apfel-Ingwer-Stern

MIT ROSENWASSER

Zutaten
für 8 Stück

Für den Apfel-Ansatz: 250 g Äpfel,
geputzt * 75 g kandierter Ingwer *
20 ml Rosenwasser
Für die Sandmasse: 200 g Butter, zimmerwarm * 200 g Zucker * 1 Prise Salz *
4 Eier * 170 g Weizenmehl Type 405 *
50 g Speisestärke * 8 g Backpulver
8 kleine Silikonsternformen à 150 ml
Für die Überzugsganache: 135 g Sahne *
90 ml Milch * 245 g Vollmilchkuvertüre mit
40 % Kakaoanteil, gehackt * 155 g Nougat
Außerdem: 3 Eiswaffeln * ½ TL essbarer
Goldstaub

Apfelansatz vorbereiten: Die Äpfel schälen,
entkernen und klein würfeln. Den kandier-
ten Ingwer fein hacken. Beides mit dem
Rosenwasser mischen und über Nacht abgedeckt im Kühlschrank durchziehen lassen.

Sandmasse: Am nächsten Tag den Backofen
auf 170 Grad Umluft vorheizen. Die Butter
mit Zucker und Salz mit der Küchenmaschine oder dem Handmixer hell-cremig rühren,
dann nach und nach die Eier dazugeben und
kräftig mit aufschlagen.
20 Gramm vom Mehl unter die marinierten
Äpfel mischen (dann rutschen die Äpfel
beim Backen nicht alle nach unten) und
abgedeckt bereitstellen.
Das restliche Mehl gründlich mit der Speisestärke und dem Backpulver mischen und
dann unter die Butter-Ei-Masse ziehen.

Zum Schluss die Äpfel unter die Masse heben
und diese in die Sternformen einfüllen. Für
etwa 25 Minuten backen, in der Form lauwarm abkühlen lassen, dann auf ein Gitter
stürzen und vollständig auskühlen lassen.

Überzugsganache: Sahne und Milch gemeinsam aufkochen. Die gehackte Kuvertüre in
einer Schüssel mit der heißen Milch-Sahne-
Mischung übergießen und dabei langsam
rühren, bis die Kuvertüre sich aufgelöst hat.
Zum Schluss noch den Nougat unterrühren.

Fertigstellen: Zum Absetzen die Eiswaffeln
fein zerbröseln und in einem flachen Teller
mit dem Goldpuder vermischen.
Die Sterne mit der Ganache überziehen.
Dazu die Sterne am besten auf ein Gitter
legen und mit der Ganache übergießen.
Das Gitter etwas klopfen, damit der Über-
zug nicht zu dick wird.
Anschließend sofort den unteren Rand der
Sterne mit den Goldbröseln absetzen, indem
die Sterne mit einer Palette in den Teller mit
den Bröseln gelegt werden. Zum Festwerden
auf ein Backpapier geben und kühl stellen.
Nach Geschmack mit Zuckerstangen oder
anderen Formen dekorieren.

Tipp

Feinherber Genuss: Bei diesem Rezept ver-
wende ich eine Vollmilchkuvertüre mit 40 %
Kakaoanteil. Diese ist etwas herber und auch
nicht so süß. Sollten Sie nur eine mit 30 %
bekommen, können Sie 100 Gramm durch
Zartbitterkuvertüre ersetzen.

Glühweincupcakes

MIT PREISELBEEREN UND GEWÜRZBUTTERCREME

Zutaten
für 16 Stück

Für die Glühwein-Schoko-Masse:
250 g Butter ✳ 250 g Zucker ✳ 1 Prise Salz ✳
4 Eier ✳ 250 g Weizenmehl Type 550 ✳
60 g stark entöltes Kakaopulver ✳
15 g Backpulver ✳ 100 ml Glühwein ✳
130 g Zartbitterkuvertüre, klein gehackt ✳
300 g gefrorene Preiselbeeren ✳
1 EL Weizenmehl Type 405
16 Muffinförmchen, gefettet oder
mit Papierförmchen ausgelegt
Für die Gewürz-Buttercreme: 500 ml
Milch ✳ 125 g Zucker ✳ 50 ml Gewürzessenz
(→ S. 10) ✳ 1 Prise Salz ✳ Mark von
1 Vanilleschote ✳ 3 Eigelbe ✳ 60 g Speisestärke ✳ 160 g Butter
Spritzbeutel mit Lochtülle 10 mm Ø
Für die Deko: Zuckerstangen oder Zuckerperlen nach Geschmack

Glühwein-Schoko-Masse: Den Backofen auf
170 Grad Umluft vorheizen. Die Butter,
Zucker und Salz mit der Küchenmaschine
oder dem Handmixer hell-cremig rühren.
Dann nach und nach die Eier dazugeben und
jeweils kräftig mit aufschlagen.
Das Mehl gründlich mit dem Kakaopulver
und dem Backpulver vermengen und anschließend abwechselnd mit dem Glühwein
unter die Butter-Eier-Masse ziehen. Im
Anschluss die gehackte Kuvertüre unter
den Teig ziehen.

Zum Schluss die gefrorenen Preiselbeeren in
einem Esslöffel Mehl wälzen und unter die
Masse heben.
Die Masse in die Muffinformen füllen. Auf
der mittleren Schiene des Ofens circa
25 Minuten backen. Kurz abkühlen lassen,
dann auf einem Kuchengitter vollständig
erkalten lassen.

Buttercreme: 400 Milliliter der Milch mit
dem Zucker, der Gewürzessenz, Salz und
Vanille zum Kochen bringen. Die restliche
Milch mit den Eigelben und der Stärke glatt
rühren. Unter ständigem Rühren in die
kochende Milch einlaufen lassen und kurz
aufkochen lassen, bis die Mischung eindickt.
Die Creme in eine Schüssel geben, direkt an
der Oberfläche mit einer Frischhaltefolie
abdecken, damit sich keine Haut bildet, und
auf Zimmertemperatur abkühlen lassen.
Die Butter kräftig aufschlagen, bis sie eine
helle, fast weiße Farbe bekommen hat. Dann
die Vanillecreme dazugeben und vorsichtig
glatt rühren.

Fertigstellen: Die Buttercreme in einen
Spritzbeutel mit großer Lochtülle füllen
und spiralförmig auf die Muffins dressieren.
Nach Geschmack mit Zuckerstangen oder
Zuckerperlen dekorieren.

Adventswhoopies

MIT ERDNÜSSEN UND SALZKARAMELL

Zutaten
für 12 Stück

Für den Teig: 80 g weiche Butter ✶
70 g brauner Zucker ✶ 70 g Zucker ✶
1 Prise Salz ✶ 1 Eigelb ✶ 160 g Weizenmehl
Type 550 ✶ 40 g stark entöltes Kakaopulver ✶
160 ml Buttermilch
Spritzbeutel mit Lochtülle 10 mm Ø ✶
24er Blech-Whoopieform mit 7 cm Ø oder
Backblech mit Backpapier
Für die Füllung: 40 g Vollmilchkuvertüre,
klein gehackt ✶ 180 g Dosenmilchkaramell
(→ Grundrezept S. 11) ✶ 1 EL Fleur
de Sel ✶ 100 g gesalzene Erdnüsse,
klein gehackt
Für die Deko: 50 g brauner Zucker

Teig: Den Backofen auf 160 Grad Umluft vorheizen. Die Butter mit den beiden Zuckersorten, dem Salz und dem Eigelb mit der Küchenmaschine oder dem Handmixer leicht schaumig rühren.
Das Mehl gründlich mit dem Kakaopulver vermengen. Abwechselnd mit der Buttermilch portionsweise unter die Eier-Masse rühren. Den Teig in einen Spritzbeutel mit einer großen Lochtülle füllen und auf die 24 Woopiemulden verteilen oder 24 gleich große (circa 5 Zentimeter) runde Kekse mit etwa 4 Zentimetern Abstand auf ein Backblech mit Backpapier spritzen.

Für circa 16 Minuten auf der mittleren Schiene des Ofens backen. Danach in der Form auskühlen lassen. Für die Plätzchen auf dem Papier: Kurz auf dem Blech anziehen lassen, dann mit dem Papier auf ein Kuchengitter ziehen und vollständig auskühlen lassen.

Füllung: Die Vollmilchkuvertüre vorsichtig über dem Wasserbad schmelzen, dann vom Herd nehmen. Karamell und das Salz dazugeben und glatt rühren. Zum Schluss die gehackten Erdnüsse dazugeben. Die Masse handwarm abkühlen lassen.

Zusammensetzen: Die Creme in den Spritzbeutel mit der großen Lochtülle füllen und jeweils 2 Kekse mit einem großen Tupfen zusammenkleben.

Verzieren: Aus Papier eine kleine Sternschablone ausschneiden. Diese auf die Whoopies legen und mit dem braunen Zucker Sterne aufstreuen.

Tipp

Ein Hauch Salz: Ich finde diese Salznote im Karamell sehr spannend und lecker. Natürlich können Sie Ihrem persönlichen Geschmack entsprechend das Salz auch einfach weglassen.
Gerne können Sie die Whoopies auch mit Mandeln oder anderen Nüssen füllen.

Orangen-Zimt-Tartelettes

MIT BAISERBÄUMCHEN

Zutaten
für 6 Tartelettes

Für den Mürbeteig: 130 g Butter *
65 g Puderzucker * 1 Eigelb * 130 g Weizenmehl Type 550 * 65 g Vollkornmehl * 1 Prise
Salz * 1 Prise Zimt * etwas Abrieb von
1 unbehandelten Zitrone
6 Tartelettes-Förmchen Ø 10 cm, gefettet *
Hülsenfrüchte und Backpapier fürs
Blindbacken
Für die Orangen-Zimt-Creme: 100 ml
Orangensaft, frisch gepresst * 10 ml Zitronensaft * Abrieb von 1 Bio-Orange *
3 Eier * 75 g Zucker * 1 Prise Zimt * 100 g
eiskalte Butter, in kleine Stücke geschnitten
Für das Baiser: 2 Eiweiße * 110 g Puderzucker * 1 Prise Salz
Spritzbeutel mit Sterntülle 10 mm Ø
Außerdem: geriebene Pistazien

Mürbeteig: Alle Zutaten zu einem Teig kneten und für 30 Minuten in Frischhaltefolie
gewickelt kalt stellen.
Den Backofen auf 180 Grad Umluft vorheizen. Den Teig auf etwa 3 Millimeter Stärke
ausrollen. 6 Kreise mit etwa 13 Zentimetern
Durchmesser ausstechen oder -schneiden.
Die Förmchen damit auslegen und den Teig
mehrmals mit der Gabel einstechen. Back-
papierquadrate ausschneiden, auf die Teigbö-
den legen, Hülsenfrüchte einfüllen und auf
der mittleren Schiene für etwa 10 Minuten
blind backen, dann das Papier und die Hülsenfrüchte herausnehmen und die Tartelettes
in weiteren 10 Minuten goldbraun backen. In
den Förmchen vollständig auskühlen lassen.

Orangencreme: Alle Zutaten bis auf die
Butter bei mittlerer Hitze in einem Topf
unter ständigem Rühren zur Rose abziehen
(→ Tipp). Die Mischung in eine Schüssel
umfüllen und langsam die Butter einrühren.
Die Masse in die Mürbeteigtartelettes einfüllen und kühl stellen.

Baiser: Das Baiser wird nicht mehr gebacken.
Also erst kurz vor dem Servieren frisch zubereiten und sofort genießen. Das Eiweiß mit
der Hälfte des Zuckers und dem Salz mittel-
fest aufschlagen. Dann den restlichen Zucker
einrieseln lassen und dabei weiter schlagen,
bis ein schnittfester Eischnee entstanden ist.
Diesen in einen Spritzbeutel mit Sterntülle
füllen und kleine Bäumchen aufspritzen,
indem Sie 3 kleiner werdende Tupfen
stapeln. Zum Schluss noch mit geriebenen
Pistazien bestreuen.

Tipp

Zur Rose abziehen: Empfindliche Cremes
erwärmt man vorsichtig auf 80 bis 85 Grad,
bis sie eindicken. Auf keinen Fall kochen lassen! Um zu überprüfen, ob die richtige Konsistenz erreicht ist, tauchen Sie kurz einen
Kochlöffel in die Masse. Halten Sie ihn dann
mit der Rückseite nach oben vor sich und
pusten Sie sanft auf die Oberfläche. Bilden
sich leicht gekräuselte Linien – die sehen
dann aus wie eine Rosenblüte – ist die richtige Konsistenz gegeben.

Nürnberger Christkindle

CAKE-POPS MIT SÜSSEM ENGELSHAAR

Zutaten
für 50 Stück

Für den Rührteig: 100 g Zartbitterkuvertüre, klein gehackt ∗ 125 g Butter ∗
125 g Zucker ∗ 1 Prise Salz ∗ 1 TL Zimt ∗
3 Eier ∗ 250 g Weizenmehl Type 405 ∗
50 g Kakaopulver ∗ 50 ml Milch
Springform 26 cm Ø, Boden mit Backpapier
ausgelegt, Ränder gefettet
Für die Cake-Pop-Masse: 60 g Butter ∗
100 g Puderzucker ∗ 125 g Frischkäse ∗
60 g Pflaumenmus ∗ 2 cl Rum
50 Cake-Pop-Stiele
Für die Glasur und die Flügel: ca. 500 g
Zartbitterkuvertüre, temperiert (→ S. 9)
reichlich Backpapier ∗ mehrere Küchen-
rollenhülsen
Für das Engelshaar: 250 g Zucker ∗
100 ml Wasser
reichlich Backpapier ∗ Holzkochlöffel
Für die Gesichter: ca. 30 g Zartbitterkuvertüre, temperiert (→ S. 9) und etwas rote
Eiweißglasur (→ S. 11)

Teig: Die Kuvertüre über dem Wasserbad
schmelzen, handwarm abkühlen lassen.
Backofen auf 170 Grad Umluft vorheizen.
Butter mit Zucker, Salz und Zimt hell-
cremig mixen. Die Kuvertüre langsam
unter die Buttermasse rühren, danach die
Eier einzeln einarbeiten. Mehl und Kakao
mischen und unter die Masse heben. Milch
unterrühren. Den Teig in der Springform
etwa 25 Minuten auf der mittleren Schiene
backen. Kurz in der Form ruhen und dann
auf einem Kuchengitter erkalten lassen.

Cake-Pop-Masse: Den Schokoteig mit der
Hand grob zerbröckeln. Butter und Puderzucker in einer großen Schüssel hell-cremig
mixen, dann den Frischkäse unterziehen.
Zuletzt Pflaumenmus, Rum und die Ku-
chenbrösel dazugeben und alle mit der Hand
zu einer gut bindenden Masse verkneten.
1 Stunde kalt stellen.

Formen: Die Masse in 1 Drittel und 2 Drittel
aufteilen und gleich viele (ungefähr 50) etwa
10 Gramm schwere Kugeln (Köpfe) und
etwa 18 Gramm schwere spitze Kegel (Kör-
per) formen.
Zum Zusammenbauen eines Christkinds
einen Cake-Pop-Stiel circa 3 Zentimeter tief
in die temperierte Kuvertüre tauchen, dann
einen Teigkegel mit der Spitze nach oben
aufspießen, sodass der Stiel etwa 1 Zentimeter aus der Spitze ragt.
Den Stiel nochmals in Kuvertüre tauchen
und den Kopf aufstecken. 30 Minuten zum
Festwerden kalt stellen.

Flügel: Inzwischen die Flügel (2 pro Stück,
zur Sicherheit etwas mehr) herstellen wie
auf Seite 9 beschrieben.

Fertigstellen: Die Cake-Pops komplett in
Kuvertüre tauchen. Nun am besten in einen
Styroporblock stecken. Sofort die Flügel
ankleben. Vollständig fest werden lassen.
Das Engelshaar herstellen wie auf Seite 12
beschrieben. Die Karamellfäden noch warm
zu 50 kleinen Schleiern verdrehen und auf
die Köpfe drapieren.
Mit weißer Schokolade oder etwas Eiweißglasur von Seite 11 die Gesichter gestalten.

Advents-Petit-Fours

MIT MARZIPAN UND PFLAUMEN

Zutaten
für 36 Stück

Für die Sandmasse: 240 g Butter ✳
150 g Zucker ✳ 300 g Marzipanrohmasse ✳
50 g Süße Orange (www.eisbluemerl.de) oder
Abrieb von 2 Bio-Orangen ✳ 1 Prise Salz ✳
5 Eier ✳ 90 g Weizenmehl Type 405
Backblech 40 x 30 cm mit Backpapier
(Backrahmen, falls vorhanden)
Für die Pflaumenfüllung: 90 g Gelierzucker 3:1 ✳ 250 g gefrorene Pflaumen
ohne Stein ✳ 50 g getrocknete Pflaumen ✳
20 ml Rum ✳ 1 TL Zimt
Für die Eiweißglasur: 5 Eiweiße ✳
600 g Puderzucker ✳ 2 TL Zitronensaft ✳
2 TL Zimt
Außerdem: 150 g weiße Schokolade,
temperiert (→ S. 9) ✳ 720 g rot eingefärbtes
Marzipan ✳ 1 EL helles Marzipan ✳
100 g Kokosflocken
kleine Spritztüte

Sandmasse: Den Ofen auf 170 Grad Umluft
vorheizen. Butter mit Zucker, Marzipan, der
»Süßen Orange« und Salz hell-cremig rühren.
Die Eier nach und nach dazugeben und kräftig mit aufschlagen. Mehl unterziehen. Die
Masse auf dem Blech glatt streichen. Etwa
20 Minuten auf der mittleren Schiene backen.
Auf dem Blech auskühlen lassen und anschließend in 3 gleichgroße Teile schneiden.

Pflaumenfüllung: Alle Zutaten in einem
Topf 5 Minuten kochen lassen. Dann vom
Herd nehmen und noch lauwarm mit einem
Stabmixer fein pürieren. Auskühlen lassen.

Zusammensetzen: Den ersten Boden mit der
Hälfte der Füllung bestreichen. Den zweiten
Boden auflegen und die restliche Füllung
darauf verteilen. Den dritten Boden auflegen
und mit einem Backpapier bedecken. Die
zusammengesetzten Böden mit einem flachen
Gewicht, etwa einem Telefonbuch, beschwe-
ren und für 2 Stunden leicht pressen. Anschließend in etwa 3 x 3 Zentimeter große
Würfel schneiden.

Eiweißglasur: Das Eiweiß mit Puderzucker
und Zitronensaft kräftig verrühren, nicht aufschlagen. 3 bis 4 Esslöffel für die Bärte kühl
stellen, den Rest mit dem Zimt verrühren.
Die Kuchenwürfel mit der Zimtglasur überziehen: Dazu am besten eintauchen, mit der
Pralinengabel wieder herausnehmen und auf
einem Kuchengitter trocknen lassen.

Absetzen: Die Petit Fours vorsichtig mit
einem glatten Messer vom Gitter schneiden
und mit der temperierten weißen Schokolade
absetzen, also den Boden etwa 5 Millimeter
eintauchen. Zum Trocknen auf ein Backpapier setzen.

Deko: Aus dem roten Marzipan 36 Mützen
mit Bommel formen, aus dem hellen Marzipan 36 kleine Kugeln für die Nasen.
Die Mützenspitzen für die Bommel in Eiweißglasur und dann in Kokosflocken tun-
ken. Für die Krempen die dicke Seite in die
Glasur und anschließend in die Flocken tun-
ken. Die restliche Eiweißglasur kräftig aufschlagen, in eine kleine Spritztüte geben und
die Bärte aufgarnieren. Die Mützen schräg
aufsetzen und die Nasen in den Bart drücken.

Apfel-Feigen-Stern

MIT WALNÜSSEN UND RUM

Zutaten
für 1 Stück

Für den Apfelansatz: 800 g Äpfel ✳
120 g Walnüsse ✳ 200 g getrocknete Feigen ✳
200 g Sultaninen ✳ 1 gehäufter TL Lebkuchengewürz (→ S. 10) ✳ 30 ml Rum ✳
160 g Zucker
Für den Teig: 360 g Weizenmehl Type 405 ✳
12 g Backpulver ✳ 1 Prise Salz
1 Sternform à ca. 1600 ml, aus Silikon
oder gefettet
Für die Deko: 100 g Johannisbeerkonfitüre ✳
ca. 100 g Mandeln, geschält und halbiert ✳
1 frische Feige

Apfelansatz: Die Äpfel schälen und fein rei-
ben, die Walnüsse klein hacken, die Feigen
in feine Streifen schneiden. Äpfel, Nüsse und
Feigen zusammen mit den Sultaninen, dem
Lebkuchengewürz, Rum und Zucker in eine
Schüssel geben und gut durchmischen. Die
Masse über Nacht abgedeckt im Kühlschrank
ziehen lassen.

Teig: Am nächsten Tag den Backofen auf
170 Grad Umluft vorheizen. Mehl, Backpulver und Salz gründlich mischen.

Den Apfelansatz sorgfältig mit der Mehl-
Mischung vermengen und die Masse in die
Sternform füllen. Etwa 45 Minuten backen.
In der Form auskühlen lassen, dann auf eine
Platte stürzen.

Fertigstellen: Die Konfitüre erhitzen und
durch ein feines Sieb streichen. Den ausgekühlten Stern rundum dünn damit bestreichen und sofort mit den Mandeln verzieren.
Das Apfel-Feigen-Brot ist sehr saftig und
hält in einer Blechdose bis zu 10 Tage.
Frische Feigen allerdings nicht. Deswegen
werden diese erst vor dem Servieren fein
aufgeschnitten und aufgelegt.

Tipp

Aprikotieren – für weihnachtlichen Glanz:
Das Bepinseln mit Konfitüre (aller Art)
nennt der Konditor Aprikotieren. Es sorgt
nicht nur für fruchtigen Geschmack und
lässt die Mandeln gut haften, sondern bringt
den Stern und auch viele andere Gebäcke
schön zum Glänzen.
Außerdem bleiben die Gebäcke durch die
fruchtige Schutzschicht auch länger saftig
und eine darüber gezogene Eiweißglasur oder
glasierter Fondant wird nicht so schnell matt!

Weihnachtssäckchen

MIT LEBKUCHENFÜLLUNG

Zutaten
für 12 Stück

Für die Füllung: 300 g Äpfel (geputzt) ✶
75 g Marzipanrohmasse ✶ 100 g Elisenlebkuchen ✶ 50 g Zucker ✶ 15 g Lebkuchengewürz (→ S. 10) ✶ 75 g Rosinen ✶
50 g Mandelstifte ✶ Abrieb von ½ Bio-Zitrone
Außerdem: 1 Pck. fertiger Filo- oder
Yuffkateig (250 g) ✶ 150 g Butter, flüssig ✶
etwas Puderzucker
12er Muffinform

Füllung: Die Äpfel schälen, vierteln, entkernen und klein würfeln. Die Marzipanrohmasse und die Elisenlebkuchen ebenfalls
in kleine Würfel schneiden. In einer großen
Schüssel den Zucker mit dem Lebkuchengewürz mischen, dann alle anderen Zutaten
dazugeben und gründlich vermengen.

Füllen: Den Backofen auf 180 Grad Umluft
vorheizen. Die Muffinförmchen dünn mit
flüssiger Butter auspinseln, dabei nicht die
gesamte Butter aufbrauchen.
Den Filoteig in 24 ungefähr 15 x 15 Zentimeter große Quadrate schneiden. Alle Quadrate
auf der Arbeitsfläche ausbreiten und dünn
mit Butter bepinseln.

Immer je 2 Quadrate um 45 Grad versetzt
übereinanderlegen, sodass 12 achteckige
Sterne entstehen.
Die Apfelfüllung mittig auf die 12 Teigsterne
verteilen. Die Teigspitzen vorsichtig zusam-
menfassen und die Portionen so zu Säckchen
schließen. Diese in die Mulden der Muffinform setzen.

Backen: Die Säckchen vor dem Backen mit
dem Rest der flüssigen Butter beträufeln und
dann in etwa 25 Minuten auf der mittleren
Schiene goldgelb und knusprig backen.
Heiß oder kalt genießen! Vor dem Servieren
mit Puderzucker bestäuben.

Tipp

Warum Fertigteig? Der fertige Filoteig hat
den Vorteil, dass er sehr dünn ausgerollt und
gleichzeitig auch sehr stabil ist, also nicht so
weich wie ein selbst gemachter Strudelteig.
Man kann ihn gerade für diese kleinen Säckchen hier sehr gut verarbeiten und sie halten
nach dem Backen auch ihre Form.

Rund ums Lebkuchenhäuschen

HÜFTGOLD-APPETITHÄPPCHEN UND KÜCHLEIN FÜR DIE ADVENTSZEIT

Anisbobbes

MIT ZITRONENMARZIPAN

Zutaten
für 10 Stück

Für den Teig: 250 g Butter ✳ 125 g Zucker ✳
1 Ei ✳ 1 Prise Salz ✳ 1 TL Abrieb von
1 Bio-Zitrone ✳ 20 g Anissamen, frisch
gemörsert ✳ 375 g Weizenmehl Type 405 ✳
50 g Speisestärke ✳ 5 g Backpulver
Backblech mit Backpapier

Für die Marzipanfüllung: 200 g Marzipanrohmasse ✳ 50 g Zucker ✳ 35 g weiche
Butter ✳ 1 Eigelb ✳ 1 cl Rum ✳
20 ml Zitronensaft ✳ 40 g Süße Zitrone
(www.eisbluemerl.de) oder Abrieb von 2 Bio-
Zitronen ✳ 100 g Macadamianüsse, gehackt

Für die Deko: 1 Ei ✳ 80 g Macadamianüsse, gehackt

Teig: Die Butter von Hand mit dem Zucker,
dem Ei, Salz, Zitronenabrieb und Anis verkneten. Mehl, Stärke und Backpulver gründlich vermischen, dann zur Buttermischung
geben und alles zu einem glatten Mürbeteig
kneten. In einer Frischhaltefolie eingewickelt
über Nacht im Kühlschrank ziehen lassen.

Füllung: Am Backtag alle Zutaten für die
Füllung miteinander verkneten.

Formen: Den Mürbeteig aus dem Kühlschrank holen und kurz durchkneten.
Auf einer bemehlten Arbeitsfläche zu
einem etwa 4 Millimeter dicken Rechteck
mit 25 x 50 Zentimetern ausrollen.
Die Marzipanfüllung auf dem Mürbeteig
verstreichen und nun das Ganze von einer
Längsseite her zu einer 50 Zentimeter langen
Schnecke rollen. Die Rolle alle 5 Zentimeter
vorsichtig durchschneiden.
Das Ei verquirlen. Jedes Stück mit Ei bestreichen und mit der Oberseite in die gehackten
Macadamianüsse eintauchen. Die Teiglinge
für 30 Minuten in das Tiefkühlfach stellen:
So halten sie beim Backen ihre Form besser.

Backen: Den Backofen auf 180 Grad Umluft
vorheizen. Die Teiglinge aufrecht stehend
auf einem Backblech verteilen und in etwa
15 Minuten goldgelb backen.

Tipp

Vorrat für überraschende Adventsbesucher:
Die Teiglinge ungebacken in Frischhaltefolie
einwickeln, einfrieren und nach Bedarf
backen. Aber auch im gebackenen Zustand
halten sich die Bobbes in einer Blechdose auf-
bewahrt ein paar Tage.

Christbaumkugeln

AUS FLORENTINERMASSE MIT PUFFREIS

Zutaten
für 20 Stück

Für die Florentinermasse: 50 g Sahne ✳
70 g Butter ✳ 110 g Zucker ✳ 60 g Honig ✳
20 g Orangeat, fein gehackt ✳ 100 g gehackte
Mandeln ✳ 20 g Puffreis
20 Muffinformen oder Ähnliches mit
ca. 5 cm Ø, am besten aus Silikon
oder gefettet ✳ Backpapier
Für die Deko: ca. 200 g weiße Schokolade,
temperiert (→ S. 9) ✳ etwas naturfarbenes
Marzipan ✳ essbarer Kupfer-
oder Goldpuder

Florentinermasse: Den Backofen auf
170 Grad Umluft vorheizen. Sahne, Butter,
Zucker, Honig und das Orangeat in einem
Topf auf 110 Grad erhitzen. Dann die Mandeln und den Puffreis unterrühren. Sofort
in jede der 20 Förmchen je 1 Esslöffel der
Mischung geben. Kurz auskühlen lassen,
damit sie etwas fester wird, und dann gleichmäßig platt drücken.
Die Masse im Ofen in 8 bis 9 Minuten goldgelb backen. Dann aus dem Ofen nehmen
und in der Form etwas auskühlen lassen.
Sobald man die Florentiner berühren kann,
jeden der Taler zwischen den Handflächen zu einer Kugel rollen. Auf Backpapier vollständig erkalten lassen.

Überziehen: Zum Überziehen werden die
Kugeln insgesamt zweimal »in der Hand« in
der temperierten weißen Schokolade gerollt:
Dazu etwas Schokolade in die Handflächen
geben und die Florentiner dazwischen rollen,
bis sie rundum dünn überzogen sind. Zum
Festwerden auf ein Backpapier legen. Den
Schritt nochmals wiederholen.

Verzieren: Aus dem Marzipan eine »Kugel-
krone« modellieren und diese mit Kupfer-
pulver abglänzen. Anschließend mit etwas
Kuvertüre auf die Kugeln kleben.

Tipp

Für zahnfreundliches Hüftgold: Beim
Kochen der Masse die Temperatur unbedingt
einhalten und die Florentiner anschließend
nicht zu dunkel backen – sonst werden die
Kugeln zu sehr harten Plombenziehern!

Tonkapanettone

MIT GEWÜRZEN UND TROCKENFRÜCHTEN

Zutaten
für 2 Stück

Für den Vorteig: 50 ml Milch ✳ 40 g Hefe ✳
50 g Weizenmehl Type 550
Für den Hauptteig: 500 g Weizenmehl
Type 550 ✳ 1 Prise Salz ✳ 150 g Zucker ✳
Mark von ½ Vanilleschote ✳ 150 ml Milch ✳
Abrieb von 1 Bio-Zitrone ✳ 5 Eigelbe ✳
130 g Butter ✳ 5 g Kardamom, gemahlen ✳
1 Prise Muskat ✳ ½ Tonkabohne, frisch
gerieben ✳ 100 g getrocknete Aprikosen ✳
50 g Zitronat ✳ 50 g Rosinen
Außerdem: 20 g Butter, flüssig
2 runde Papierformen à 1000 ml
(13 cm Ø, 9 cm hoch)

Vorteig: Die Milch lauwarm erhitzen, die
Hefe darin auflösen und in einer großen
Schüssel mit dem Mehl vermischen. Mit
einem feuchten Tuch abdecken und an einem
warmen Ort gehen lassen, bis sich der Ansatz
vom Volumen her verdoppelt hat.

Hefeteig: Mehl, Salz, Zucker, Vanillemark,
Milch, Zitronenabrieb, Eigelb, Butter,
Kardamom, Muskat und die frisch geriebene
Tonkabohne zum Vorteig geben und mit der
Küchenmaschine oder von Hand ungefähr
8 Minuten gut verkneten, bis der Hefeteig
geschmeidig ist und die Schüssel von selbst
putzt. Das dauert seine Zeit. Nicht voreilig
zusätzliches Mehl dazugeben.
Den Teig in Folie gewickelt für mindestens
12 Stunden im Kühlschrank gehen lassen.

Formen: Am nächsten Tag die Aprikosen
in dünne Scheiben schneiden und mit dem
Zitronat und den Rosinen unter den kalten
Hefeteig kneten.
Den fertigen Teig in 2 gleichgroße Portionen
aufteilen, zu runden Laiben kneten und in
die Papierformen legen. Die Oberfläche mit
Frischhaltefolie abdecken und die beiden
Panettone in weiteren 3 bis 4 Stunden bei
Zimmertemperatur zur doppelten Größe
aufgehen lassen.

Fertigstellen: Die Butter schmelzen und die
Panettone damit bestreichen. Anschließend
mit einer scharfen Klinge, am besten einem
sauberen Teppichmesser, ein Kreuz ein-
schneiden.
Die Panettone ohne Vorheizen bei 150 Grad
Umluft auf der mittleren Schiene des Backofens in circa 50 Minuten goldbraun backen.
Mit Metallformen verlängert sich die Backzeit um ungefähr 10 Minuten.

Tipp

Warum eine so lange Teigführung? Meistens
lässt man Hefeteig bei gemütlicher Wärme
schnell gehen. Alternativ kann man die Hefe
auch über Nacht im Kühlschrank ihre Arbeit
tun lassen. Das ist nicht nur praktisch vor-
zubereiten, sondern vermindert auch die
Gefahr des Übergehens: Zum einen wird der
Geschmack des Hefeteiges intensiver, zum
anderen wird der Teig viel feinporiger.
Dadurch trocknet er nach dem Backen auch
nicht so schnell aus.

Honigkuchenmännchen

MIT ORANGENMARZIPAN-FÜLLUNG

Zutaten
für 10 Stück

Für den Teig: 150 g Honig ✳ 37 ml Milch ✳
37 g Zucker ✳ 6 g Natron ✳ 12 ml Wasser ✳
22 g Butter ✳ 120 g Weizenmehl Type 405 ✳
120 g Roggenmehl Type 1150 ✳
6 g Lebkuchengewürz
Ausstechform »Lebkuchenmännchen«
ca. 10 x 13 cm ✳ 2 Backbleche mit Backpapier
Für die Marzipanfüllung: 250 g Marzipanrohmasse ✳ 150 g Puderzucker ✳
15 g Honig ✳ 1 TL Süße Orange
(www.eisbluemerl.de) oder Abrieb von
1 Bio-Orange ✳ etwas Grand Marnier
Für die Deko: Milch ✳ Schokotropfen für
die Augen ✳ halbe Cranberrys
für die Knöpfe

Teig: Honig, Milch und Zucker in einem
Topf unter Rühren auf 60 Grad erwärmen,
sodass sich alle Zutaten zu einer homogenen
Masse verbinden. Die Mischung vollständig
auskühlen lassen.
Das Natron im Wasser auflösen und zusammen mit den restlichen Zutaten zur Honig-
Milch-Mischung geben. Alles zu einem glatten Teig kneten.

Den Teig etwa 3 Millimeter dick zu einem
circa 60 x 40 Zentimeter großen Rechteck
ausrollen. Die Platte dünn mit Wasser
besprühen oder bepinseln und anschließend
in 2 gleich große Hälften schneiden.

Marzipanmasse: Alle Zutaten verkneten.

Formen: Den Backofen auf 180 Grad Umluft
vorheizen. Die Marzipanmasse auf eine der
Teigplatten streichen. Die zweite Teigplatte
auf das Marzipan legen.
Möglichst dicht an dicht die Männchen ausstechen. Anschließend auf ein Blech mit
Backpapier legen und mit etwas Milch bepinseln. Dann mit Schokotropfen und Cranberrys Augen und Knöpfe gestalten.

Backen: Die gefüllten Lebkuchenmännchen
für etwa 15 Minuten backen und anschließend auf dem Blech auskühlen lassen. In
einer Blechdose halten sie bis zu 3 Wochen.

Tipp

Restloser Genuss: Die Teigreste wieder zu-
sammenkneten, ausrollen und beispielsweise
als Christbaumschmuck mit Aufhängeloch
ausstechen.

Lebkuchenwelle

MIT ROTWEINKIRSCHEN UND ZIMTBUTTERCREME

Zutaten
für 1 Kuchen

Für den Boden: 700 g gefrorene Sauer-
kirschen, entsteint * 200 ml Rotwein *
250 g Zartbitterkuvertüre * 250 g Butter *
6 Eier * 350 g Zucker * 1 Prise Salz *
150 g Weizenmehl Type 405 * 100 g Haselnüsse, fein gemahlen * 50 g Walnüsse,
fein gemahlen * 20 g stark entöltes Kakaopulver * 10 g Lebkuchengewürz (→ S. 10)
eckige Springform oder Backrahmen
36 x 25 cm, Boden mit Backpapier ausgelegt,
Ränder gefettet
Für die Buttercreme: 600 ml Milch *
150 g Zucker * Mark von 1 Vanilleschote *
1 Prise Salz * 1 TL Zimt * 4 Eigelbe *
75 g Speisestärke * 150 g Butter
Für die Überzugsganache: 90 g Sahne *
170 g Zartbitterkuvertüre *
100 g Nougat

Boden: Die gefrorenen Kirschen mit dem
Rotwein in einem Topf 20 Minuten offen auf
etwa die Hälfte einkochen lassen. Auskühlen
lassen. Die Kirschen erst kurz vor dem Verwenden abseihen. Den Saft einfach für Win-
terpunsch verwenden.
Die Zartbitterkuvertüre mit der Butter über
dem Wasserbad schmelzen und dann handwarm abkühlen lassen. Den Backofen auf
180 Grad Umluft vorheizen.
Die Eier mit Zucker und Salz schaumig rühren. Das Mehl mit den Nüssen, dem Kakao
und dem Lebkuchengewürz vermischen
und bereitstellen. Die Kuvertüre-Butter-
Mischung unter die Eier rühren und anschließend die Mehlmischung unterheben.
Die Masse in die Form einfüllen. Die abge-
seihten Kirschen gleichmäßig darauf verteilen und ganz leicht in die Masse drücken.
Für circa 40 Minuten auf der mittleren
Schiene backen und dann in der Form auskühlen lassen.

Zimtbuttercreme: 500 Milliliter der Milch
mit dem Zucker und den Gewürzen in
einem Topf zum Kochen bringen. Die restlichen 100 Milliliter Milch mit den Eigelben
und der Stärke glatt rühren. Diese Mischung
unter ständigem Rühren in die kochende
Milch einlaufen lassen. Kurz aufkochen lassen, bis die Mischung eindickt.
Den Pudding in eine Schüssel geben, direkt
auf der Oberfläche mit Frischhaltefolie abdecken, damit sich keine Haut bildet, und im
Kühlschrank auskühlen lassen.
Die Butter hell-cremig mixen. Dann zügig,
aber mit langsamen und vorsichtigen Bewe-
gungen den Vanillepudding unterziehen.
Die Zimtbuttercreme gleichmäßig auf dem
Boden in der Form verstreichen. Den Kuchen
für mindestens 2 Stunden kalt stellen.

Überzugsganache: Die Sahne zum Kochen
bringen. Kuvertüre und Nougat in eine
Schüssel geben und unter langsamem Rühren mit der heißen Sahne übergießen, sodass
eine glatte Ganache entsteht.
Kurz auskühlen lassen, dann auf der Zimtbuttercreme verstreichen. Kurz bevor die
Glasur fest wird, mit einem gezackten
Spachtel das typische Wellenmuster ziehen.

Alle Jahre wieder ...

Meine Heimatstadt Nürnberg ist weltberühmt für den
Christkindlesmarkt. Da duftet es an allen Ecken nach gebrannten
Mandeln, Glühwein und Lebkuchen.

Weihnachten liegt in der Luft

Auch wenn ich den Christkindlesmarkt all-
jährlich direkt vor der Nase habe, ist er
immer ein inspirierendes Fest für mich! In
den Wochen vor Weihnachten ist zwar viel
zu tun, trotzdem nehme ich mir immer wieder gerne Zeit für einen ausgedehnten Bum-
mel mit der Familie. Dabei kam ich auch auf
die Christkindle-Cake-Pops von Seite 25.

Süßes Adventsbasteln

Ich war schon als Kind immer der Praktiker, der lieber mit den Händen was erschaffen oder gebaut hat. Diese Liebe zum Gestalten kann ich rund um Weihnachten ganz besonders ausleben. Ob Lebkuchenmännchen, Nikoläuse, Cake-Pop-Engel oder Dominosteine im Adventskerzen-Look. Basteln Sie doch für oder mit Ihren Lieben Ihren Nikolaussack dieses Jahr selbst.

»Lassen Sie den Nikolaus dieses Jahr doch einfach mal in Form der Petit Fours von Seite 27 kommen!«

Weiße Lebkuchen

MIT PFEFFER UND LIMETTE

Zutaten
für 12 Stück

Für die Masse: 3 Eier ✳ 225 g Puderzucker ✳ 1 Prise Salz ✳ 50 g Orangeat, fein gehackt oder durchgedreht ✳ 20 g Honig ✳ Abrieb von 4 Bio-Limetten ✳ 2 TL Pfeffermischung (weiß, grün, schwarz und rosa Beeren), frisch gemörsert ✳ 260 g Weizenmehl Type 550 ✳ 40 g Haselnüsse, gemahlen ✳ 40 g Walnüsse, gemahlen ✳ 8 g Lebkuchengewürz (→ S. 10) ✳ 3 g Hirschhornsalz

Außerdem: 12 eckige Oblaten 8 x 13 cm ✳ 200 g weiße Schokolade, temperiert (→ S. 9) ✳ Abrieb von 1 Bio-Limette und noch etwas Pfeffermischung zum Dekorieren Backblech mit Backpapier

---

Masse: Die Eier mit Puderzucker und Salz in einer großen Rührschüssel über dem Wasserbad unter langsamem Rühren mit einem Spatel auf 35 Grad erhitzen. Die Schüssel anschließend vom Wasserbad nehmen und langsam das Orangeat, den Honig, den Limettenabrieb und den Pfeffer unterrühren. Das Mehl gründlich mit den Nüssen, dem Lebkuchengewürz und dem Hirschhornsalz vermischen und dann unter die Eier-Honig-Masse rühren. Die Mischung danach mit den Händen kurz zu einer gut bindenden Masse verkneten. Anschließend 10 Minuten abgedeckt ruhen lassen.

Formen: Auf jede Oblate 70 Gramm (etwa 5 Esslöffel) der Lebkuchenmasse geben und mithilfe einer Palette eckig und leicht kuppelförmig aufstreichen. Die Lebkuchen anschließend für mindestens 24 Stunden in der Küche trocknen lassen.

Backen: Den Backofen auf 160 Grad Umluft vorheizen. Die Lebkuchen auf einem Backblech im unteren Drittel des Ofens circa 13 Minuten backen. Auf einem Kuchengitter auskühlen lassen.

Verzieren: Die vollständig ausgekühlten Lebkuchen mit der temperierten weißen Schokolade bestreichen und sofort mit etwas Limettenabrieb und Pfeffer bestreuen.

Tipp

Das Trocknen der Lebkuchen ist sehr wichtig. Ist der Teig nicht trocken genug, dann reißt die Oberfläche auf und der Lebkuchen hat nach dem Backen keine schöne Form mehr. Die Dauer kann je nach Raumtemperatur und Raumklima auch sehr stark schwanken. Um auf Nummer sicher zu gehen, am besten einfach einen Lebkuchen zur Probe backen.

Lebkuchen-Eiskonfekt

MIT NOUGAT UND HASELNUSSKROKANT

Zutaten
für 50 Stück

Für die Parfaitmasse: 100 g Elisenlebkuchen ✳ 3 Eier ✳ 20 g Zucker ✳
1 kleine Prise Salz ✳ 50 g Nougat ✳
50 g Zartbitterkuvertüre ✳ 250 g Sahne ✳
30 g Haselnusskrokant
Spritzbeutel mit Lochtülle 10 mm Ø ✳
Mini-Silikonförmchen mit 50 Mulden
à 10 ml ✳ 25 Lollistiele, halbiert
Für die Deko: 150 g Zartbitterkuvertüre,
klein gehackt ✳ 20 g gehärtetes Kokosfett
Back- und Pergamentpapier

Parfaitmasse: Die Elisenlebkuchen sehr klein
würfeln und beiseitestellen. Die Eier mit
Zucker und Salz über dem Wasserbad mit
dem Schneebesen aufschlagen und dabei auf
80 Grad erwärmen. Im Anschluss in der
Küchenmaschine kalt und schaumig schlagen.
Den Nougat und die Zartbitterkuvertüre
vorsichtig über dem Wasserbad schmelzen.
Anschließend etwas abkühlen lassen. Wäh-
renddessen die Sahne halbfest aufschlagen.
Die handwarme Nougatmischung behutsam
unter die Eiermasse rühren. Die klein gehackten Elisenlebkuchen mit dem Haselnusskrokant mischen und unter die Eier-Nougat-
Masse ziehen. Zum Schluss die weich geschlagene Sahne unter die Masse heben.

Formen: Die Parfaitmasse mit einem Spritzbeutel mit Lochtülle in die Silikonförmchen
füllen. Die Formen sorgfältig mit Frischhaltefolie abdecken, damit keine Haut entsteht,
und für 3 bis 4 Stunden gefrieren lassen.
Die gut angefrorenen Mini-Parfaits aus den
Förmchen lösen, auf ein Tablett mit Backpapier ausbreiten und in jedes senkrecht
einen halben Lollistiel stecken. Die Eis-Pops
zum vollständigen Gefrieren auf dem Tablett
in das Frostfach geben.

Überziehen: Für die Fettglasur die Kuvertüre mit dem Kokosfett über dem Wasserbad
schmelzen und auf circa 45 Grad erhitzen.
Die gefrorenen Parfaits in die Fettglasur tauchen, wieder auf ein Tablett mit Backpapier
geben und sofort zurück in das Frostfach
stellen. Sobald die Glasur fest geworden ist,
können die Eispralinen mit Pergamentpapier
getrennt in eine Gefrierbox geschichtet werden und bis zu 4 Wochen im Gefrierfach auf-
bewahrt werden.
Das Konfekt direkt vor dem Verzehr aus
dem Gefrierfach nehmen.

Tipp

Schön cremig: Für das Parfait und Eis schla-
ge ich die Sahne nur ganz leicht und weich,
nicht so fest wie für eine Torte. Dadurch
wird das Parfait cremiger.

Cranberrystollen

MIT PISTAZIENMARZIPAN

Zutaten
für 1 Stück

Für den Fruchtansatz: 350 g Cranberrys *
50 ml Orangensaft * 50 ml Kirschwasser
Für das Pistazienmarzipan: 50 g Pistazien,
klein gehackt * 50 ml Kirschwasser *
200 g Marzipanrohmasse
Für den Vorteig: 100 ml Milch * 50 g Hefe *
125 g Weizenmehl Type 405
Für den Hauptteig: 375 g Weizenmehl
Type 405 * 60 g Zucker * 1 Ei *
250 g Butter * 6 g Salz * 3 g Stollengewürz *
Abrieb von 1 Bio-Zitrone * Mark von
½ Vanilleschote * 50 g Pistazien, grob
gehackt * 30 g Weizenmehl Type 405
Kastenform 30 cm, gefettet
Zum Verzieren: 1 Eiweiß * 100 g Puderzucker * 20 g Pistazien, fein gehackt

---

Fruchtansatz: Die Cranberrys mit dem Orangensaft und dem Kirschwasser mischen und
gut verschlossen mindestens über Nacht bei
Raumtemperatur ziehen lassen.

Pistazienmarzipan: Die Pistazien und das
Kirschwasser mit einem Pürierstab fein
mixen und dann von Hand mit der Marzipanrohmasse verkneten. Bereitstellen, aber
nicht in den Kühlschrank geben!

Vorteig: Die Milch lauwarm erhitzen und die
Hefe darin auflösen. In einer Schüssel mit
dem Mehl vermischen. Mit einem feuchten
Tuch abdecken und an einem warmen Ort
gehen lassen, bis sich der Ansatz vom Volumen her verdoppelt hat.

Hauptteig: Alle weiteren Zutaten außer den
Pistazien und den 30 Gramm Mehl zum
Vorteig geben und mit der Küchenmaschine
oder von Hand geduldig zu einem glatten,
geschmeidigen Hefeteig kneten. Es dauert
5 bis 8 Minuten, bis er schön elastisch ist und
die Schüssel putzt. Nur nicht voreilig zusätzliches Mehl zugeben, das macht den Teig
sonst zu fest.
Den Teig abgedeckt für 1 weitere Stunde an
einem warmen Ort gehen lassen. Anschließend die eingelegten Cranberrys mit den
30 Gramm Mehl vermischen und mit den
Pistazien vorsichtig unter den Teig kneten.

Formen: Den Teig zu einem Rechteck von
30 x 50 Zentimetern ausrollen. Das Pistazienmarzipan mit einer Palette gleichmäßig auf
der gesamten Teigplatte verstreichen.
Den Hefeteig von einer kurzen Kante her zu
einem Stollen aufrollen und in die Kastenform geben. Abgedeckt nochmals 30 Minuten gehen lassen.
Den Backofen rechtzeitig auf 170 Grad Umluft vorheizen. Den Stollen etwa 60 Minuten
backen. Vollständig in der Form auskühlen
lassen, dann in Frischhaltefolie wickeln und
vor dem Servieren mindestens 2 Tage durchziehen lassen.

Deko: Vor dem Servieren Eiweiß und Puderzucker kräftig verrühren, bis eine dickflüssi-
ge Glasur entstanden ist. Den Stollen damit
bestreichen und sofort mit gehackten Pistazien garnieren. Trocknen lassen.

Dominosteine

MIT ROTWEINGELEE UND MARZIPAN

Zutaten
für 48 Stück

Für den Honigkuchenteig: 75 g Honig ✳
20 ml Milch ✳ 20 g Zucker ✳ 3 g Natron ✳
5 ml Wasser ✳ 10 g Butter ✳ 60 g Weizenmehl Type 405 ✳ 60 g Roggenmehl
Type 1150 ✳ 3 g Lebkuchengewürz (→ S. 10)
Backrahmen 25 x 20 cm, auf einem
Blech mit Backpapier
Für das Gelee: 300 ml Rotwein ✳
40 ml Gewürzessenz (→ S. 10) ✳
200 g Zucker ✳ 12,5 g Gelfix Extra 2:1
Für das Marzipan: 225 g Marzipanrohmasse ✳ 130 g Puderzucker + etwas zum
Ausrollen ✳ 20 ml Myer's Rum ✳
10 ml Southern Comfort
Zum Überziehen: 800 g Zartbitterkuvertüre,
temperiert (→ S. 9)
Für die Deko: 240 g rotes Marzipan ✳
48 Mandelstifte ✳ 100 g gelbes Marzipan ✳
100 g naturfarbenes Marzipan ✳
etwas Eiweißglasur (→ S. 11)
Sternausstecher ca. 2 cm Ø

Honigkuchenteig: Honig, Milch und Zucker
in einem Topf unter langsamem Rühren auf
60 Grad erwärmen. Die Masse vollständig
abkühlen lassen.
Den Backofen auf 170 Grad Umluft vorheizen. Natron im Wasser auflösen und mit
den restlichen Zutaten zur Honig-Mischung
geben. Zu einem glatten Teig verkneten. Auf
Rahmengröße ausrollen und hineinlegen.
Dünn mit Wasser bepinseln und auf der mittleren Schiene für etwa 15 Minuten backen.
Im Rahmen ohne zu lösen auskühlen lassen.

Gelee: Alle Zutaten in einem Topf unter
ständigem Rühren aufkochen. Etwa 4 Minuten köcheln lassen, anschließend heiß direkt
auf den Honigkuchenteig im Rahmen gießen. Vollständig auskühlen lassen.

Marzipan: Alle Zutaten mit der Hand verkneten. Zwischen 2 großzügig mit Puderzucker bestreuten Backpapierabschnitten
auf die Rahmengröße ausrollen und auf das
fest gewordene Gelee legen.

Formen: Den Rahmen lösen und die Ränder
dünn abschneiden. Mit einem langen, scharfen Messer 48 etwa 3 x 3 Zentimeter große
Würfel schneiden (längs 6 lange Bahnen
schneiden, diese dann in je 8 Würfel teilen).

Überziehen: Die Dominosteine in die temperierte Kuvertüre tauchen, mit einer (Prali-
nen-)Gabel herausheben, kurz auf einem
Kuchengitter abtropfen lassen und zum Festwerden auf ein Backpapier setzen. Siehe
dazu auch den Tipp auf Seite 92.

Kerzendeko: Das rote Marzipan in 12 Portionen teilen. Jede zu einer 12 Zentimeter
langen Stange rollen und anschließend in
4 »Kerzen« schneiden. Jede Kerze bekommt
einen Mandelstift als Docht. Aus dem gelben
Marzipan Flammen formen und aufstecken.
Das helle Marzipan 2 Millimeter dünn ausrollen und 48 Sterne ausstechen. Mit Eiweißglasur die Sterne und Kerzen auf den Domi-
nosteinen fixieren.

Lebkuchentiramisu

MIT AMARETTINICRUMBLE

Zutaten
für 12 Portionen

Für die Biskuitbrösel: 3 Eigelbe ✳
15 g Zucker ✳ 3 Eiweiße ✳ 50 g Zucker ✳
1 Prise Salz ✳ 40 g Weizenmehl Type 405 ✳
30 g Speisestärke ✳ 10 g Lebkuchengewürz
(→ S. 10) ✳ 80 g Amarettini
Backblech mit Backpapier
Für die Mascarponecreme: 80 g Sahne ✳
3 Eigelbe ✳ 50 g Zucker ✳ 1 Prise Salz ✳
400 g Mascarpone
Für die Tränke: 120 ml kalter Espresso ✳
30 ml Amaretto ✳ 30 ml Rum
Außerdem: 12 Gläser à 160 ml

Biskuitbrösel: Den Backofen auf 180 Grad Umluft vorheizen. Die Eigelbe und die 15 Gramm Zucker mit einem Schneebesen leicht aufschlagen. Die Eiweiße in einer separaten Schüssel mit den 50 Gramm Zucker und dem Salz zu einem steifen Schnee schlagen. Diesen vorsichtig unter das Eigelb heben.
Mehl, Speisestärke und das Lebkuchengewürz gründlich mischen und unter die Eiermasse ziehen.
Die Biskuitmasse mit einer Palette gleichmäßig auf das vorbereitete Blech streichen und für etwa 14 Minuten auf der mittleren Schiene des Ofens backen. Die Biskuitplatte auf dem Blech auskühlen lassen. Dann auf ein Gitter stürzen, das Backpapier abziehen und den Biskuit 2 bis 3 Stunden trocknen lassen.

Anschließend fein in eine Schüssel bröseln. Die Amarettini in einem Gefrierbeutel zerstoßen und mit den Biskuitbröseln mischen.

Mascarponecreme: Die Sahne steif schlagen. Die Eigelbe mit Zucker und Salz in einer Schüssel mit dem Schneebesen verquirlen und unter beständigem Weiterschlagen über dem Wasserbad auf etwa 80 Grad erhitzen. Anschließend am besten über einem Eiswasserbad wieder kalt schlagen.
Mascarpone und anschließend die Schlagsahne unter die Eicreme ziehen.

Fertigstellen: Alle Zutaten für die Tränke mischen. 1 Drittel der Brösel auf die Gläser verteilen und gleichmäßig mit der Hälfte der Tränke beträufeln. Dann die Hälfte der Mascarponecreme darauf verteilen. Diesen Schritt nochmals wiederholen.
Die restlichen Brösel bilden die oberste Schicht, werden aber nicht mehr getränkt. Vor dem Servieren mindestens 2 Stunden ziehen lassen.

Tipp

Variante: Anstelle der Biskuitbrösel können Sie auch zerbröselte Elisenlebkuchen oder Stollen verwenden.

Weihnachtliche Tortenträume

FESTLICH OPULENTE TORTEN, TARTES UND TÖRTCHEN

Cranberry-Cheesecake

MIT TONKABOHNE UND SPEKULATIUSBODEN

Zutaten
für 1 Kuchen

Für den Boden: 200 g Spekulatiusplätzchen ✳ 50 g zimmerwarme Butter ✳ 100 g Zucker
Für die Cheesecakemasse: 750 g Frischkäse (Doppelrahmstufe) ✳ ½ Tonkabohne, frisch gerieben ✳ 200 g Zucker ✳ 40 g Weizenmehl Type 405 ✳ 100 g Sauerrahm ✳ 3 Eier
Außerdem: 75 g getrocknete Cranberrys Springform 20 cm Ø, gefettet ✳ reichlich Alufolie ✳ tiefe Auflaufform, mindestens 22 x 22 cm

Boden: Die Springform außen bis zum oberen Rand in Alufolie einpacken, damit beim Backen im Wasserbad keine Flüssigkeit in die Form gelangt.
Die Spekulatiusplätzchen in der Küchenmaschine oder in einem Gefrierbeutel mit einem Nudelholz fein zerbröseln und mit der weichen Butter und dem Zucker verkneten. Die Masse in die Springform geben und ohne Rand am Boden festdrücken. Für circa 30 Minuten kühl stellen.

Cheesecakemasse: Den Frischkäse mit der geriebenen Tonkabohne in einer Schüssel glatt rühren. Zucker und Mehl gut mischen und anschließend unter den Frischkäse rühren. Dann den Sauerrahm und zum Schluss die Eier einzeln gründlich unterrühren.

Fertigstellen: Den Backofen auf 170 Grad Umluft vorheizen. Die Cranberrys auf dem gekühlten Boden verteilen, anschließend die Käsemasse einfüllen.
Die Form in eine große, tiefe Auflaufform stellen. Diese bis zur halben Höhe der Springform mit warmem Wasser füllen. Auf der mittleren Schiene des Ofens für circa 90 Minuten backen. Vollständig in der Form abkühlen lassen. Vor dem Servieren mit einem Messer vorsichtig den Rand lösen.

Tipp

Der perfekte Cheesecake: Der Cheesecake hat durch die Verwendung von Frischkäse einen sehr hohen Fettanteil. Deswegen backe ich ihn im Wasserbad, denn nur so fällt er nach dem Backen nicht zusammen. Um Risse in der Oberfläche zu vermeiden, nehme ich den Kuchen außerdem nach circa 60 Minuten Backzeit mehrmals für 5 Minuten mit der Auflaufform aus dem Ofen. Die getrockneten Cranberrys nehmen übrigens Flüssigkeit auf, sodass ein nässender »Cheesecake im eigenen Saft« hiermit der Vergangenheit angehört. Alternativ funktionieren klein geschnittene Trockenpflaumen.

Winter-Agnes-Torte

MIT ZIMTMANDELN UND KARDAMOM-BUTTERCREME

Zutaten
für 1 Torte

Für die Zimtmandeln: 50 g Zucker ✳
½ TL Zimt ✳ 80 g ganze Mandeln mit Haut
Backpapier
Für die Baiserböden: 4 Eiweiße ✳ 240 g
Zucker ✳ 1 Prise Salz ✳ 10 g Speisestärke
2 Backbleche mit Backpapier, auf der
Backpapier-Rückseite je 2 Kreise mit
18 cm Ø zeichnen
Für die Buttercreme: 60 g Zartbitterkuvertüre ✳ 380 g Butter ✳ 1 TL Kardamom,
gemahlen ✳ 3 Eier ✳ 150 g Zucker ✳
1 Prise Salz

Zimtmandeln: Zucker und Zimt mischen.
Die Mandeln zusammen mit dem Zimtzucker in eine beschichtete Pfanne geben und
unter ständigem Rühren so lange erhitzen,
bis der Zucker um die Mandeln karamellisiert und goldbraun ist.
Die Mandeln sofort zum Abkühlen auf
einem Backpapier verteilen. Nach dem Auskühlen grob hacken.

Baiserböden: Den Backofen auf 80 Grad
Umluft vorheizen. Das Eiweiß mit der Hälfte des Zuckers und der Prise Salz steif schlagen. Die zweite Hälfte des Zuckers mit der
Speisestärke vermischen und dann langsam
unter beständigem Rühren in den Eischnee
einrieseln lassen.
Das Baiser auf den vorbereiteten Blechen mit
einer Palette zu 4 Böden aufstreichen. Die

Hälfte der gehackten Zimtmandeln gleichmäßig auf 3 der Böden verteilen, die restlichen Mandeln für die oberste Schicht auf
den vierten Boden streuen.
Die Böden im Backofen bei leicht geöffneter
Türe für circa 3 Stunden trocknen lassen.
Auf den Blechen auskühlen lassen.

Buttercreme: Die Zartbitterkuvertüre über
dem Wasserbad schmelzen, dann handwarm
abkühlen lassen. Die Butter mit dem Kardamom hell-cremig schlagen, dann unter beständigem Rühren langsam die aufgelöste
Kuvertüre unterlaufen lassen.
Die Eier mit dem Zucker und dem Salz
unter ständigem Rühren mit dem Schneebesen über dem Wasserbad auf 50 Grad
erhitzen. Anschließend am besten in der
Küchenmaschine wieder kalt und dabei
sehr schaumig schlagen. Anschließend in die
Butter-Schokoladen-Mischung einrühren.

Fertigstellen: Auf den ersten Boden ein
Drittel der Creme geben und bis zum Rand
verstreichen. Diesen Schritt noch zweimal
wiederholen. Zum Abschluss den Boden mit
den vielen Mandeln auflegen. Die Torte für
mindestens 2 Stunden durchkühlen lassen!

Tipp

Knuspriges Baiser: Nur längeres Trocknen
nützt nichts: Das Eiweiß wird mit Zucker im
Verhältnis 1:1 aufgeschlagen. Dann kommt
nochmal dieselbe Menge Zucker mit zusätz-
lichen 10 % Speisestärke dazu.

Orangenpunsch-Savarins

MIT GEWÜRZCREME

Zutaten
für 8 Stück

Für den Vorteig: 70 ml Milch ✶ 15 g frische
Hefe ✶ 70 g Weizenmehl Type 405
Für den Teig: 50 g Butter ✶ 20 g Zucker ✶
Mark von ½ Vanilleschote ✶ 1 Prise Salz ✶
1 TL Lebkuchengewürz (→ S. 10) ✶ 2 Eier ✶
2 Eigelbe ✶ 100 g Weizenmehl Type 405
Spritzbeutel mit großer Lochtülle ✶
8 Savarinförmchen 10 cm Ø
Für die Tränke: 100 ml frisch gepresster
Orangensaft ✶ 100 ml Rum ✶ 240 ml
Läuterzucker aus 160 g Zucker + 80 ml
Wasser (→ S. 12)
Außerdem: 200 g Aprikosenkonfitüre ✶
Filets von 3 Orangen
Für die Creme: 250 g Butter ✶ 3 Eiweiße ✶
45 g Zucker ✶ 1 Prise Salz ✶ 40 ml Gewürz-
essenz (→ S. 10) ✶ 80 g Zucker
Spritzbeutel mit Sterntülle 1 cm Ø

Vorteig: Die Milch lauwarm erhitzen, dann
die Hefe darin auflösen. Die Mischung mit
dem Mehl verrühren und abgedeckt an
einem warmen Ort gehen lassen, bis sie sich
vom Volumen her verdoppelt hat.

Hauptteig: Die Butter mit Zucker, Vanillemark, Salz und Lebkuchengewürz hell-
cremig aufschlagen. Dann die Eier und
anschließend die Eigelbe einzeln dazugeben
und kräftig mit aufschlagen. Im Anschluss
den Vorteig mit dem restlichen Mehl dazugeben und alles zu einem glatten Teig rühren. In einen Spritzbeutel geben und die
Savarinformen zu je 2 Dritteln befüllen.

20 Minuten gehen lassen. Den Backofen rechtzeitig auf 200 Grad Ober-/Unterhitze vorheizen. Die Savarins für 15 Minuten backen.
In der Form lauwarm abkühlen lassen.

Tränke: Inzwischen die Tränke aus Orangensaft, Rum und Läuterzucker mischen. Die
lauwarmen Savarins aus den Formen nehmen
und mit einer Schaumkelle in die Tränke
tauchen, bis sie ihr Gewicht verdoppelt
haben. Auf einem Kuchenblech komplett
erkalten lassen.

Aprikotieren: Die Aprikosenkonfitüre aufkochen, durch ein Sieb streichen und die
Savarins rundum damit bepinseln. Bei dieser
Gelegenheit auch gleich die Orangenfilets für
die Deko dünn mit Konfitüre bestreichen,
um sie vor dem Austrocknen zu schützen.

Creme: Die Butter hell-cremig aufschlagen.
Das Eiweiß mit 45 Gramm Zucker und Salz
sehr steif schlagen.
In einem kleinen Topf die Gewürzessenz
mit dem restlichen Zucker auf 117 Grad
erhitzen. Den heißen Sirup nun in einem
dünnen Strahl unter ständigem Rühren in
den Eischnee einlaufen lassen und weiter
schlagen, bis das Baiser wieder kalt ist.
Anschließend vorsichtig unter die auf-
geschlagene Butter ziehen.

Fertigstellen: Die Creme in einen Spritzbeutel mit einer großen Sterntülle füllen und
zuerst das Loch der Savarins befüllen. Dann
jedes Savarin mit Orangenfilets belegen und
mit einem dicken Tupfen Creme und den
restlichen Filets garnieren.

Birnen-Milchreis-Torte

MIT SPEKULATIUSGEWÜRZ

Zutaten
für 1 Torte

Für den Wiener Boden: 30 g Butter *
3 Eier * 85 g Zucker * 50 g Weizenmehl
Type 405 * 25 g Speisestärke * 10 g Kakao
Springform 26 cm Ø, Ränder gefettet, Boden
mit Backpapier ausgelegt
Für die Milchreisfüllung: 400 ml Milch *
500 ml Birnensaft * 2 TL Spekulatiusgewürz * 200 g Milchreis * 1 Dose Birnen
(580 g Abtropfgewicht) * 4 cl Birnengeist *
5 Blatt Gelatine * 400 g Sahne
50 g Puderzucker
Für die Tränke: 4 cl Birnengeist *
80 ml Birnensaft
Außerdem: 1 Dose halbierte Birnen
(580 g Abtropfgewicht) * ca. 250 ml klarer
Tortenguss * ca. 50 g Vollmilchspäne
kugelige Schüssel à ca. 3 l,
max. 26 cm Ø, mit Frischhaltefolie
ausgelegt

Wiener Boden: Siehe Anleitung Seite 13.
Halbe Menge mit 20 bis 25 Minuten Backzeit.

Milchreis: Milch, Birnensaft und Spekulatiusgewürz in einem großen Topf aufkochen.
Den Milchreis dazugeben und in etwa
30 Minuten unter ständigem Rühren bei
sanfter Hitze garen. In einer großen Schüssel
auskühlen lassen. Die Birnen abtropfen lassen, klein würfeln, mit dem Birnengeist
marinieren und unter den Milchreis mischen.

Tränke: Birnengeist und Birnensaft mischen.

Vorbereiten: Unmittelbar vor dem Zusammensetzen der Torte die Gelatine in reichlich
kaltem Wasser einweichen. Die Sahne mit
dem Puderzucker steif schlagen. Die Gelatine nach Packungsanweisung auflösen und
mit einigen Esslöffeln der Schlagsahne verrühren. Die so angeglichene Gelatine nun
mit einem Schneebesen zügig unter den
Milchreis mischen. Anschließend die restliche Sahne unterheben.

Zusammensetzen: Den Boden einmal durchschneiden. Die Birnenhälften abtropfen lassen und in sehr feine Spalten schneiden.
In der Mitte der vorbereiteten Schüssel be-
ginnend kreisförmig einige Reihen Birnen-
spalten einlegen, bis sie etwa zur Hälfte
ausgekleidet ist. Dabei zwischen den Birnen-
stücken etwas Luft lassen.
Die Hälfte der Füllung vorsichtig einfüllen
und glatt streichen. Einen Boden rundum
etwas beschneiden, sodass er, wenn er auf die
Reisschicht gelegt wird, nicht die Schüssel
berührt. Einlegen und mit der gesamten
Tränke beträufeln.
Dann den restlichen Milchreis einfüllen und
glatt streichen. Den zweiten Boden bündig
mit der Schüsselwand auflegen. Mit Frischhaltefolie bedeckt für mindestens 4 Stunden
kalt stellen.

Fertigstellen: Die Torte vor dem Servieren
auf eine Platte stürzen, von der Folie befreien
und dünn mit Tortenguss übergießen. Den
Guss kurz anziehen lassen und dann den
unteren Rand rundherum mit Schokospänen
absetzen.

Windbeuteltorte

MIT ZIMTMOUSSE

Zutaten
für 1 kleine Torte

Für die Brandmasse: 150 ml Milch ✳
150 ml Wasser ✳ 90 g Butter ✳ 5 g Zucker ✳
1 Prise Salz ✳ 1 Prise Muskat ✳
150 g Weizenmehl Type 405 ✳ 4 Eier
Spritzbeutel mit Lochtülle 10 mm Ø ✳
Backblech mit Backpapier
Für die weiße Zimtmousse: 1 Blatt
Gelatine ✳ 20 g Sahne ✳ 1 Eigelb ✳ 1 Ei ✳
½ TL Zimt ✳ 120 g weiße Schokolade, klein
gehackt ✳ 200 g Sahne
Spritzbeutel mit Lochtülle 8 mm Ø
Für die Ganache: 150 g Sahne ✳
150 g Zartbitterkuvertüre, klein gehackt ✳
75 g Nougat
Springform 20 cm Ø, Boden mit
Backpapier ausgelegt
Für die Deko: etwas essbares Blattgold

Brandmasse: Die Windbeutel zubereiten wie
im Grundrezept auf Seite 13 beschrieben.

Zimtmousse: Die Gelatine einweichen.
20 Gramm Sahne mit Eigelb, Ei und Zimt
über dem Wasserbad unter ständigem Rühren mit dem Schneebesen auf circa 75 Grad
erhitzen. Danach wieder kalt schlagen und
bei circa 50 Grad die gut ausgedrückte Gelatine darin auflösen.
Die weiße Schokolade über dem Wasserbad
schmelzen. Handwarm abkühlen lassen,
dann unter die Eiersahne rühren. Die

Mischung auf 20 Grad abkühlen lassen.
Inzwischen die 200 Gramm Sahne halbfest
aufschlagen. Diese unter die Eiermasse heben
und die Mousse für 1 Stunde kalt stellen.

Füllen: Zum Füllen der Windbeutel die
Mousse in einen Spritzbeutel mit Lochtülle
geben. Die Windbeutel halb aufschneiden
und reichlich Mousse einfüllen. Übrige
Windbeutel eignen sich für die Deko.
Kühl stellen.

Ganache: Die Sahne kurz aufkochen, etwas
abkühlen lassen und in einer Schüssel über
die gehackte Kuvertüre und den Nougat
gießen. Dabei langsam rühren, bis eine glatte
Ganache entstanden ist.

Zusammensetzen: Eine Lage Windbeutel in
die Springform einlegen. Etwas mehr als ein
Viertel der Ganache auf den Windbeuteln
verteilen. Diesen Schritt noch zweimal wiederholen, sodass 3 Lagen Windbeutel über-
einander liegen. Mit Folie abdecken und
leicht pressen. Mindestens 2 Stunden kalt
stellen. Die übrige Ganache kühlen.

Deko: Es sollten ein paar gefüllte oder auch
ungefüllte Windbeutel übrig bleiben. Wenn
die Torte durchgekühlt ist, die restliche
Ganache nochmals ganz leicht erwärmen.
Den Tortenring entfernen, die Torte mit
Ganache begießen und mit den übrigen
Windbeuteln und nach Wunsch mit etwas
Blattgold dekorieren.

Maronensahne

MIT SCHOKO-HONIG-BODEN

Zutaten
für 10 Portionen

Für das Baiser: 2 Eiweiße ✳ 120 g Zucker ✳
1 Prise Salz ✳ 10 g Speisestärke
Backblech mit Backpapier
Für den Maronenboden: 3 Eier ✳ 3 Eigelbe ✳
120 g Honig ✳ 125 g Sahne ✳ 125 g Zartbitterkuvertüre, klein gehackt ✳ 40 g Weizenmehl Type 405 ✳ 50 g blanchierte Maronen,
klein gehackt
Backblech mit Backpapier
Für die Maronensahne: 1 Blatt Gelatine ✳
300 g Sahne ✳ 130 g blanchierte Maronen ✳
30 g Puderzucker ✳ 15 ml Rum ✳ 20 g Sahne
Für die Tränke: 200 ml Läuterzucker
(→ S. 12) ✳ 100 ml Rum
10 Gläschen à 300 ml

Baiser: Den Backofen auf 80 Grad Umluft
vorheizen. Das Eiweiß mit der Hälfte des
Zuckers und der Prise Salz steif schlagen.
Dann den restlichen Zucker mit der Stärke
mischen und unter Rühren in den Eischnee
einrieseln lassen. Die Masse dünn auf ein
Backblech mit Backpapier aufstreichen.
Im Backofen für 2 Stunden bei leicht geöffneter Türe trocknen. Auf dem Blech
auskühlen lassen. Anschließend mit einem
Messer grob hacken.

Boden: Die Eier und die Eigelbe mit dem
Honig unter ständigem Rühren mit dem
Schneebesen über dem Wasserbad auf
50 Grad erhitzen. Anschließend in der
Küchenmaschine wieder kalt und dabei
schön schaumig schlagen.

Den Backofen auf 200 Grad Umluft vorheizen. Die Sahne auf 50 Grad erhitzen. In einer
Schüssel über die Kuvertüre gießen und rühren, bis eine Ganache entstanden ist. Diese in
die Eiermasse rühren. Vorsichtig das Mehl
unterheben und die Masse auf das Backblech
mit Backpapier streichen. Mit den gehackten
Maronen bestreuen und etwa 12 Minuten auf
der mittleren Schiene des Ofens backen. Auf
dem Blech auskühlen lassen.

Maronensahne: Die Gelatine in kaltem
Wasser einweichen. Die 300 Gramm Sahne
steif schlagen und kühl stellen.
Die Maronen mit Puderzucker, Rum und der
restlichen Sahne pürieren.
Die Gelatine auflösen, mit etwa 2 Esslöffeln
Schlagsahne verrühren und dann zügig unter
die restliche Sahne mischen. Zum Schluss das
Maronenpüree unterheben.

Fertigstellen: 20 Teigkreise entsprechend der
Gläschen aus dem Teig ausstechen. Läuterzucker mit Rum mischen.
In jedes Dessertglas einen Boden legen und
diese gleichmäßig mit der Hälfte der Tränke
beträufeln. Die Hälfte der Maronensahne auf
die Gläser verteilen. Diesen Schritt noch einmal wiederholen.
Die Gläschen mit Baisertrümmern auffüllen
und für 2 Stunden kalt stellen.

Tipp

Himmlische Deko: Aus dem restlichen
Boden noch Sterne für die Deko ausstechen
und diese vor dem Servieren auf den
Gläschen drapieren.

Geschenktorte

MIT ORANGEN-ZIMT-CREME

Zutaten
für 1 kleine Torte

Für die Orangen-Zimt-Creme: 6 Blatt
Gelatine ✳ 300 g Sahne ✳ 300 ml Milch ✳
6 Eigelbe ✳ 6 g Zimt ✳ Abrieb von
2 Bio-Orangen ✳ 60 g Zucker ✳ 360 g weiße
Schokolade, klein gehackt
Für die Böden: 12 Eigelbe ✳ 190 g Marzipanrohmasse ✳ 160 g Weizenmehl Type 405 ✳
30 g Kakaopulver ✳ 90 g Haselnüsse,
gemahlen ✳ 9 Eiweiße ✳ 185 g Zucker ✳
1 Prise Salz ✳ 45 ml neutrales Speiseöl ✳
50 g Haselnusskrokant
2 Backbleche mit Backpapier ✳ falls vorhanden Backrahmen 20 x 20 cm
Außerdem: 100 g Aprikosenkonfitüre ✳
ca. 200 g rotes Marzipan

Creme: Die Gelatine einweichen. Die Sahne
mit der Milch, den Eigelben, Zimt, Orangenabrieb und Zucker unter Rühren mit einem
Schneebesen über dem Wasserbad auf 80 Grad
erhitzen. Auf circa 50 Grad abkühlen lassen,
dann die Gelatine darin auflösen.
Die weiße Schokolade in einer großen Schüssel mit der warmen Sahnemischung übergießen und langsam rühren, bis eine glatte
Ganache entstanden ist. Mit Frischhaltefolie
abgedeckt für 2 Stunden kühlen.

Böden: Den Backofen auf 190 Grad Umluft
vorheizen. Die Eigelbe mit dem Marzipan

schaumig schlagen. Das Mehl mit dem
Kakao und den Haselnüssen vermischen.
In einer großen Schüssel das Eiweiß mit
Zucker und Salz steif schlagen.
Zuerst die Eigelb-Marzipan-Mischung
unter den Eischnee heben, dann die Mehl-
mischung. Zum Schluss das Öl unterziehen.
Die Masse auf 2 Backblechen mit Backpapier
glatt streichen und mit dem Krokant bestreu-
en. Die Böden circa 15 Minuten backen.
Auf dem Blech auskühlen lassen.
Aus jedem Rechteck 2 Quadrate mit
20 x 20 Zentimetern schneiden und die
Abschnitte zu einem dritten gleichgroßen
Quadrat zusammensetzen. Ergibt 6 Böden.

Zusammensetzen: Arbeiten Sie idealerweise
mit einem Backrahmen, notfalls ohne. Die
Creme kurz durchrühren. Immer abwechselnd einen Boden einlegen und eine dünne
Cremeschicht aus je einem Fünftel der Masse
glatt streichen. Die aus Abschnitten zusammengesetzten Böden in die Mitte einbauen.
Die Torte mit Frischhaltefolie abgedeckt für
mindestens 2 Stunden kühlen.

Fertigstellen: Die Aprikosenkonfitüre aufkochen, durch ein Sieb streichen und die
Torte rundum damit einpinseln.
Das Marzipan zu einem großen Quadrat ausrollen und mithilfe einer dünnen Geschenk-
papierrolle auf die Torte legen. Die Über-
stände an den Ecken abschneiden und die
Kanten glatt modellieren.

Bratapfeltorte

MIT MARZIPAN UND KARAMELL

Zutaten
für 1 kleine Torte

Für die Böden: 20 g Butter ✳ 4 Eigelbe ✳
10 g Zucker ✳ 5 Eiweiße ✳ 80 g Zucker ✳
1 Prise Salz ✳ 40 g Weizenmehl Type 405 ✳
35 g Speisestärke ✳ 20 g Zimtzucker
2 Backbleche mit Backpapier, auf den
Backpapier-Rückseiten je 2 Kreise
mit 18 cm Ø zeichnen, alternativ
4 Backringe 18 cm Ø
Für die Creme: 400 g Äpfel ✳ 50 g Zucker ✳
40 g Butter ✳ Saft von 1 Zitrone ✳
4 g Quatre-Épices-Gewürz ✳ 100 g Marzipanrohmasse ✳ 200 g Sahne ✳ 4 cl Rum ✳
60 g Rosinen, in Rum eingelegt ✳
4 Blatt Gelatine ✳ 400 g Sahne
Außerdem: 100 g Marzipan ✳ ca. 300 g
Vollmilchkuvertüre, temperiert (→ S. 9) ✳
1 Dose Mini-Äpfel ✳ 200 g Zucker
Springform 18 cm Ø

Böden: Den Backofen auf 200 Grad Umluft
vorheizen. Die Butter schmelzen, dann wieder etwas abkühlen lassen.
Die Eigelbe mit 10 Gramm Zucker schaumig
schlagen. Das Eiweiß mit 80 Gramm Zucker
und Salz steif schlagen und unter die Eigelb-
masse ziehen. Mehl und Stärke unterheben.
Dann die flüssige Butter unterrühren. Die
Masse auf den vorbereiteten Backblechen zu
4 Böden aufstreichen. In 12 Minuten goldgelb backen. Sofort mit dem Zimtzucker
bestreuen. Vollständig abkühlen lassen.

Creme: Die Äpfel schälen, würfeln und
mit Zucker, Butter, Zitronensaft und dem

Gewürz in einem kleinen Topf offen köcheln
lassen, bis die Flüssigkeit einreduziert ist.
Das Marzipan mit Sahne und Rum vermengen und zu den Äpfeln geben. Für 5 Minuten
unter ständigem Rühren weiterkochen, dann
in eine Schüssel füllen und die Rosinen dazugeben. Zimmerwarm abkühlen lassen.
Gelatine in kaltem Wasser einweichen. Sahne steif schlagen. Die Gelatine auflösen und
zuerst unter einen Teil der Sahne mischen,
dann unter die Apfelmasse rühren. Zum
Schluss die restliche Sahne unterheben.

Zusammensetzen: Einen Boden in die
Springform legen und ein Viertel der Creme
darauf glatt streichen. Noch 3 Mal wiederholen. Torte mit Frischhaltefolie abdecken
und am besten über Nacht kühl stellen.
Marzipan zu einem Kreis mit 18 Zentimetern ausrollen und auf die Torte legen.

Schokoladenschindeln: Die temperierte
Kuvertüre etwa 2 Millimeter dünn auf
Backpapier aufstreichen. Kurz vor dem
Festwerden die Oberfläche mit einer Palette
leicht wellig strukturieren. Sofort in circa
4 Zentimeter breite Streifen in Tortenhöhe
zuschneiden. Die Torte überlappend mit den
abgekühlten Schindeln verkleiden. Bei Bedarf mit temperierter Kuvertüre festkleben.

Verzieren: Mini-Äpfel mit Küchenkrepp
abtrocknen. Zucker in einer Pfanne karamellisieren lassen und Äpfel darin wenden. Zum
Abkühlen auf Backpapier setzen. Das restliche Karamell wie auf Seite 12 beschrieben zu
Zuckerfäden spinnen. Die Torte mit Äpfeln
und Karamellfäden dekorieren.

Hüftgold pur

Die Torten sind die Hochkaräter unseres Weihnachtshüftgolds.
Natürlich erfordern sie ein bisschen Arbeit – auch später beim
Abtrainieren. Sie machen aber auch unglaublich glücklich!

Doppelter Genuss!

Wenn auch nach der Weihnachtsgans und
den vielen Plätzchen tiefste Befriedigung
herrscht. Ein bisschen Torte geht immer
noch. Sie erfordern ein bisschen mehr
Zubereitungszeit, dafür schenken Sie ihren
Lieben damit aber doppelt Zeit: Ein liebevoll
zubereitetes Geschenk und schöne Stunden
beim gemeinsamen Essen.

Sweet Table

Arrangieren Sie doch für das Familienfest
eine goldene Sweet Table, ein süßes Buffet
mit einer großen Torte im Zentrum und kleinen Naschereien drum herum. Ich liebe ja
Karamell und Schokolade, mein Ausgangs-
punkt wäre also die Baumkuchentorte ...
Suchen Sie sich einfach Ihre Lieblinge
aus und verteilen Sie die Rezepte an die
Verwandtschaft.

*Augenmaß und Handgewicht
sind des Konditors erste Pflicht!*

75

Baumkuchentorte

MIT GEBRANNTEN MANDELN

Zutaten
für 1 Torte

Für die gebrannten Mandeln: 100 g ganze Mandeln mit Haut ✳ 60 g Zucker Backpapier
Für den Kuchen: 320 g Butter ✳ 80 g Zucker ✳ 2 cl Rum ✳ Abrieb von 1 Bio-Zitrone ✳ 1 EL Lebkuchengewürz (→ S. 10) ✳ 90 g Speisestärke ✳ 80 g Marzipanrohmasse ✳ 6 Eigelbe ✳ 6 Eiweiße ✳ 100 g Zucker ✳ 1 Prise Salz ✳ 95 g Weizenmehl Type 405 Springform mit 26 cm Ø, Boden mit Backpapier ausgelegt
Außerdem: 150 g Aprikosenkonfitüre ✳ 220 g Marzipanrohmasse
Für die Überzugsganache: 40 ml Milch ✳ 50 g Sahne ✳ 120 g Zartbitterkuvertüre, klein gehackt ✳ 70 g Nougat

---

Mandeln: Die Mandeln mit dem Zucker in einer Pfanne karamellisieren. Auf Backpapier ausbreiten und abkühlen lassen. Die Hälfte für den Kuchen mit einer Küchenmaschine fein mahlen. Den Rest für die Deko zur Seite legen.

Kuchen: Den Backofengrill auf 250 Grad vorheizen. Die Butter mit 80 Gramm Zucker, Rum, Zitronenabrieb und Lebkuchengewürz hell-cremig rühren. Dann die Speisestärke unterheben. Marzipan und Eigelbe mit der Hand verkneten und anschließend mit der Butter-Stärke-Mischung kräftig aufschlagen. Die Eiweiße mit 100 Gramm Zucker und

Salz steif schlagen. Den Eischnee unter die Buttermasse heben. Dann Mehl und gemahlene gebrannte Mandeln unterziehen.

Backen: Für die erste Schicht (und alle weiteren) etwas Masse etwa 2 Millimeter hoch in der Springform glatt streichen. Mit mindestens 20 Zentimetern Abstand zu den Grillstäben backen, bis die Schicht schön braun ist und bei vorsichtigem Druck leicht nachfedert. Dann die nächste Schicht einfüllen und backen. Wiederholen, bis der gesamte Teig verarbeitet ist. Die Baumkuchentorte in der Form komplett auskühlen lassen.

Zuschneiden: Den Backring abnehmen. Den Kuchen mit einem Messer in 6 Stücke einteilen, dabei aber nur am Rand markieren. Anschließend zu einem Sechseck zuschneiden, indem zwischen den Markierungen die Rundungen gerade geschnitten werden. Diese für die Deko zur Seite legen.

Überziehen: Die Konfitüre aufkochen, durch ein Sieb streichen und den Kuchen rundum dünn damit einstreichen.
Das Marzipan 2 Millimeter dünn rund ausrollen und den Kuchen damit komplett eindecken. Die Kanten nachmodellieren und das überstehende Marzipan am Rand unten abschneiden. Die Überzugsganache zubereiten wie auf Seite 17. Die Torte damit komplett überziehen.

Verzieren: Die Baumkuchenreste in Ecken schneiden und mit den restlichen gebrannten Mandeln mittig auf dem Kuchen drapieren.

Nürnberger Burgspitzen

KOKOS-BISKUITROLLE MIT WEISSER SCHOKOLADE

Zutaten
für 1 Roulade

Für den Kokos-Biskuit: 5 Eier *
125 g Zucker * 1 Prise Salz * 65 g Weizenmehl Type 405 * 60 g Speisestärke *
30 g Kokosflocken, ungeröstet
Backblech mit Backpapier
Für die Creme: 200 g Sahne *
50 g Kokosflocken, leicht geröstet *
200 g weiße Schokolade, klein gehackt *
500 g Mascarpone * 4 cl Rum
Außerdem: 250 g Aprikosenkonfitüre
(Füllung) * 200 g weiße Schokolade,
temperiert (→ S. 9) * 50 g Kokosflocken,
geröstet * 150 g Aprikosenkonfitüre
(Hülle) * Puderzucker
viel Backpapier

Biskuit: Den Backofen auf 220 Grad Ober-/
Unterhitze vorheizen. Die Eier mit Zucker
und Salz sehr schaumig schlagen. Mehl und
Speisestärke mischen und unterheben.
Die Masse mit einer Palette auf dem Backblech glatt streichen und gleichmäßig mit
den Kokosflocken bestreuen. Für etwa
10 Minuten im unteren Drittel des Backofens
backen. Sobald der Biskuit leicht Farbe
bekommt, aus dem Ofen nehmen und mit
dem Backpapier vom Blech ziehen. Mit
Backpapier bedecken, damit er beim Abkühlen nicht austrocknet.
Vor der Weiterverarbeitung die Biskuitplatte
mithilfe eines zweiten Backblechs umdrehen.
Das oben liegende Backpapier abziehen,
durch ein frisches ersetzen und erneut wenden. Das obere Backpapier abziehen.

Creme: Die Sahne aufkochen, vom Herd
nehmen und die Kokosflocken untermischen.
Die gehackte Schokolade in einer Schüssel
mit der nur leicht abgekühlten Sahne übergießen und dabei langsam rühren, bis eine
glatte Ganache entstanden ist, die nur noch
handwarm (30 Grad) ist.
Mascarpone und Rum kurz stark aufschlagen, dann die Ganache hinzugeben und die
Mischung für ein paar Minuten kräftig
schaumig aufschlagen.

Füllen: 250 Gramm der Aprikosenkonfitüre
unregelmäßig auf der Biskuitplatte verteilen.
Dann 2 Drittel der Creme gleichmäßig darauf glattstreichen.

Aufrollen: Mithilfe des unteren Backpapiers
die Torte von einer langen Seite aus eng zu
einer Roulade aufrollen. Mit Backpapier
einpacken und mit den Händen gefühlvoll
und vorsichtig zu einem Dreieck drücken.
Mit dem Papier eingepackt mindestens
1 Stunde zum Durchziehen kühl stellen.

Schokobruch: Die temperierte Schokolade
auf Backpapier 1 ½ bis 2 Millimeter dünn
aufstreichen. Sofort gleichmäßig mit gerös-
ten Kokosflocken bestreuen. Fest werden
lassen und anschließend zu Platten brechen,
die wie Bergspitzen aussehen sollten.

Fertigstellen: Die restliche Mascarponecreme
mit den 150 Gramm Aprikosenkonfitüre vermischen und die Roulade rundum damit einstreichen. Zum Schluss die Schokoplatten an
den Seiten der Roulade anlegen. Mit Puderzucker abstauben.

Schoko-Honig-Tarte

MIT SESAM-KARAMELL

Zutaten
für 1 Tarte

Für den Mürbeteig: 125 g Weizenmehl Type 405 ✳ 25 g Kakaopulver ✳ 25 g blanchierte Mandeln, gemahlen ✳ 1 Msp. Backpulver ✳ 100 g eiskalte Butter, gewürfelt ✳ 50 g Honig ✳ 1 Eigelb ✳ 1 Prise Salz Springform 26 cm Ø, Boden mit Backpapier ausgelegt, Rand gefettet ✳ Hülsenfrüchte oder Blindbackkugeln

Für die Füllung: 400 g Sahne ✳ 1 EL Honig ✳ 400 g Zartbitterkuvertüre mit 70 % Kakaoanteil, klein gehackt ✳ 80 g zimmerwarme Butter ✳ Mark von ½ Vanilleschote ✳ 40 g gerösteter Sesam ✳ 10 g Puderzucker ✳ 220 g Dosenmilchkaramell (→ S. 11) Backblech mit Backpapier

Für die Deko: 150 g Puderzucker ✳ 50 g Sesam ✳ etwas Kakao ✳ etwas Sesam, mit essbarem Silberpulver vermischt 2 Lagen Backpapier

---

Mürbeteig: Mehl, Kakaopulver, Mandeln und Backpulver mischen und mit den restlichen Zutaten verkneten. Für 30 Minuten in Folie gewickelt kalt stellen. Den Backofen rechtzeitig auf 180 Grad Umluft vorheizen. Den Mürbeteig dünn ausrollen und die Springform so damit auslegen, dass der Rand etwa 3 Zentimeter hoch ist. Backpapier und Hülsenfrüchte einlegen. Circa 15 Minuten blind backen, dann die Hülsenfrüchte entfernen und den Boden in 10 bis 15 Minuten fertig backen. In der Form vollständig abkühlen lassen.

Füllung: Sahne und Honig auf 80 Grad erhitzen – nicht kochen. Etwas abkühlen lassen, in einer Schüssel über die Kuvertüre gießen und langsam rühren, bis diese sich vollständig aufgelöst hat. Zum Schluss mit der weichen Butter und dem Vanillemark zu einer glatten Ganache rühren.
Den Backofen auf 180 Grad Ober-/Unterhitze vorheizen. Den Sesam auf ein Backblech mit Backpapier geben und mit etwas Puderzucker abstauben. Im Backofen für etwa 5 Minuten leicht rösten.
Den Sesam lauwarm mit dem Dosenmilchkaramell vermischen und die Mischung auf dem Mürbeteigboden bis circa 1 Zentimeter vor dem Rand verstreichen.
2 Esslöffel Ganache aufbewahren, den Rest in die Form einfüllen. Für mindestens 2 Stunden kalt stellen.

Sesamkaramell-Rand: Puderzucker in einem Topf unter ständigem Rühren langsam zum Schmelzen bringen. Sobald das Karamell goldgelb wird, den Sesam dazugeben. Die Mischung auf ein Backpapier gießen, mit einem zweiten Backpapier abdecken und mit einem Nudelholz dünn ausrollen. Auskühlen lassen und anschließend für den Rand der Tarte in kleine Stücke brechen. Den Ring der Springform lösen und die Krokantecken mit Ganache an den Tarterand kleben.

Deko: Einen Papiertannenbaum ausschneiden. Das Motiv auf die Tarte legen und diese großzügig mit Kakaopulver abstauben. Das Papier vorsichtig wegnehmen und den Baum mit Christbaumkugeln aus dem Silbersesam »schmücken«.

Ein bisschen mehr Hüftgold

GLÄNZENDE PLÄTZCHEN UND KEKSE

Spekulatius-Pops

MIT PFLAUMEN UND WEISSER SCHOKOLADE

Zutaten
für 30 bis 40 Stück

Für den Teig: 200 g Butter ✳ 300 g Zucker ✳
5 g Salz ✳ 1 Ei ✳ 50 ml Buttermilch ✳
500 g Weizenmehl Type 550 ✳ 15 g Spekulatiusgewürz ✳ 2 g Hirschhornsalz
Weihnachtsausstecher nach Wunsch ✳
Backbleche mit Backpapier
Für die Füllung: 150 g Sahne ✳ 1 Prise
Zimt ✳ 300 g weiße Schokolade, klein
gehackt ✳ 30 g Butter ✳ 50 g getrocknete
Pflaumen, sehr klein gehackt
Zum Verzieren: Zartbitterkuvertüre und
weiße Schokolade, temperiert (→ S. 9) ✳
Eiweißglasur (→ S. 11) und Lebensmittel-
farben nach Belieben
30 bis 40 Cake-Pop-Stiele

Teig: Die Butter mit dem Zucker, dem Salz,
dem Ei und der Buttermilch in einer Schüssel gründlich mischen.
Das Mehl mit dem Spekulatiusgewürz und
dem Hirschhornsalz vermischen, dann zur
Buttermasse geben und alles mit den Händen
zu einem glatten Teig verkneten. In Folie
gewickelt 30 Minuten kühlen.

Backen: Den Backofen auf 160 Grad Umluft
vorheizen. Den gekühlten Teig circa 3 Millimeter dünn ausrollen und möglichst eng die
gewünschten Formen ausstechen. Immer
eine gerade Anzahl pro Motiv anfertigen.
Die Plätzchen mit etwas Abstand auf Bleche
verteilen und circa 12 Minuten backen.
Sobald sie etwas Farbe bekommen, aus dem
Ofen nehmen und auf dem Blech vollständig
auskühlen lassen.

Füllung: Die Sahne mit dem Zimt kurz aufkochen, dann leicht abkühlen lassen. Die heiße Sahne in einer Schüssel über die gehackte
Schokolade gießen und langsam rühren, bis
sie sich vollständig aufgelöst hat. Dann die
Butter hinzugeben und weiter rühren, bis
eine glatte Ganache entstanden ist.
Zum Schluss die gehackten Pflaumen unter
die Ganache rühren. Nicht abkühlen lassen,
sondern noch halbfest weiterverarbeiten.

Zusammensetzen: Immer 2 passende Plätzchen an den Unterseiten mit der Ganache
zusammenkleben und dabei einen Cake-
Pop-Stiel mit einsetzen. Liegend fest werden
lassen. Dann können Sie die Spekulatius-
Pops nach Belieben verzieren.

Tipp

Feine Säure: Die Buttermilch gibt eine ganz
leicht säuerliche Note im Teig, die sehr gut
und erfrischend mit der schweren Ganache-
füllung harmoniert!

Gefüllter Pflaumentaler

MIT NÜSSEN UND MOHN

Zutaten
für 45 Stück

Für die Mohnmasse: 150 g Butter *
50 g Puderzucker * 1 Prise Salz * 50 g
Marzipanrohmasse * Abrieb von ½ Bio-
Zitrone * 1 Ei * 160 g Weizenmehl
Type 405 * 40 g Graumohn, gemahlen *
45 Macadamia- oder Haselnüsse
Spritzbeutel mit Lochtülle 10 mm Ø *
Backbleche mit Backpapier
Für die Füllung: ca. 150 g Pflaumenmus *
2 EL Rum
Spritzbeutel mit Fülltülle 5 mm Ø
Für die Deko: essbares Blattgold
nach Belieben

Mohnmasse: Den Backofen auf 160 Grad
Umluft vorheizen. Die Butter, den Puderzucker, das Salz, die Marzipanrohmasse und
den Zitronenabrieb mit der Küchenmaschine
oder dem Handmixer glatt rühren. Das Ei
unterrühren und zum Schluss Mehl und
Graumohn untermischen.

Formen: Die weiche Masse in einen Spritzbeutel mit großer Lochtülle füllen und mit
ausreichend Abstand etwa 3 Zentimeter
große Tupfen auf Backbleche dressieren.

Alle Tupfen mit etwas Wasser bepinseln.
In jedes Plätzchen mittig eine Nuss gut zur
Hälfte eindrücken. Das ergibt später die
Mulde für die Füllung.

Backen: Die Plätzchen circa 14 Minuten
backen, bis sie nur ganz leicht Farbe bekommen. Vollständig auskühlen lassen.

Fertigstellen: Die Nüsse aus den Plätzchen
lösen. Das Pflaumenmus mit dem Rum glatt
rühren und mithilfe eines Spritzbeutels mit
kleiner Lochtülle in die Plätzchen füllen.
Nach Wunsch mit Blattgold dekorieren.

Tipp

Nüsseverwertung: Haselnüsse als Platzhalter
für die Füllung sind natürlich günstiger.
Mit den größeren Macadamianüssen kann
man die Plätzchen allerdings später schöner
füllen. Für welche Nüsse Sie sich auch ent-
scheiden: Nach dem Backen sind sie geröstet,
und was nicht als »Backstudentenfutter«
sofort vernascht wird, eignet sich für jedes
Rezept, das nach gerösteten Nüssen verlangt.
Ich habe die Macadamias anschließend beispielsweise für die Weihnachtsmarmelade
von Seite 107 und die Kakaowürfel von
Seite 119 verwendet.

Cashew-Plätzchen

MIT ZIMTZUCKER UND KARAMELLISIERTEN KERNEN

Zutaten
für 45 Stück

Für den Teig: 180 g Butter * 50 g Puder-
zucker * 1 Eigelb * 220 g Weizenmehl
Type 550 * 100 g Cashewkerne, gehackt *
1 Prise Salz * 1 TL Zimt
Backblech mit Backpapier
Zum Formen: 70 g Zucker * 5 g Zimt
Für die Deko: 150 g Cashewkerne *
50 g Puderzucker
Backpapier
Außerdem: etwas Vollmilchkuvertüre,
temperiert (→ S. 9)

Teig: Butter, Puderzucker und das Eigelb
mit der Hand verkneten.
Das Mehl mit den gehackten Cashewkernen,
dem Salz und dem Zimt vermischen und
anschließend mit der Buttermischung per
Hand zu einem glatten Teig verkneten.

Formen: Den Teig in 3 Portionen teilen und
zu je einer Rolle mit einem Durchmesser von
2,5 Zentimetern formen.
Zimt und Zucker vermischen, großflächig
auf der Arbeitsfläche verteilen und die Teigrollen rundum darin wälzen.
Die Teigrollen für 20 Minuten in das Gefrierfach oder für etwa 1 Stunde in den Kühlschrank legen.

Backen: Den Backofen auf 180 Grad Umluft
vorheizen. Die gekühlten Teigrollen in
2 Zentimeter breite Stücke schneiden. Die
dicken Scheiben stehend mit etwas Abstand
auf ein Backblech mit Backpapier verteilen
und in etwa 12 Minuten hell backen. Vollständig auf dem Blech auskühlen lassen.

Deko: Die Cashewkerne mit dem Puderzucker in einen Topf geben und bei mittlerer
Hitze unter ständigem Rühren golden karamellisieren lassen.
Zum Auskühlen sofort auf einem Backpapier
ausbreiten. Die Kerne mit einem Löffel, aber
keinesfalls mit den Fingern trennen. Ver-
brennungsgefahr!

Fertigstellen: Nach dem Auskühlen auf jedes
Plätzchen mit etwas temperierter Kuvertüre
einen gebrannten Cashewkern kleben.

Tipp

Karamellisieren: Zum Karamellisieren gibt
man Zucker in eine beschichtete Pfanne oder
einen Topf. Sollen Nüsse karamellisiert werden, kommen sie gleich mit rein. Bei mittlerer bis starker Hitze beginnt der Zucker zu
schmelzen. Dann beständig rühren, bis das
Karamell nach Wunsch hell-goldig bis goldbraun wird. Sofort vom Herd nehmen oder,
je nach Rezept, ablöschen. Der Karamell
wird dabei zuerst hart, löst sich beim Kochen
aber wieder vollständig.

Ingwerkipferl

MIT MANDELN UND MATCHA

Zutaten
für ca. 40 Stück

Für den Teig: 2 gestrichene TL
Back-Matchapulver * 1 gestrichener TL
Ingwerpulver * 60 g Puderzucker *
100 g Butter * 1 Prise Salz * 125 g Weizen-
mehl Type 550 * 100 g geschälte, gemahlene
Mandeln * 1 Eigelb
Backbleche mit Backpapier
Für die Zuckermischung: 5 TL Puder-
zucker * 1 TL Ingwerpulver *
1 TL Matchapulver

Teig: Matcha- und Ingwerpulver mit dem
Puderzucker mischen und sieben. Die
Mischung in einer Schüssel mit der Butter
gründlich verrühren. Die restlichen Zutaten
hinzufügen und von Hand zu einem glatten
Mürbeteig verkneten.
Den Teig halbieren und zu 2 je 20 Zentimeter langen Stangen rollen. Diese in Frischhaltefolie einwickeln und für mindestens
2 Stunden kühl stellen.

Zuckermischung: Alle Zutaten mischen.

Backen: Den Backofen auf 170 Grad Umluft
vorheizen. Jede Teigrolle in 20 gleiche Stücke
schneiden und diese in der Hand zu kleinen
gebogenen Kipferln rollen.
Die Kipferl mit genügend Abstand auf
Backbleche verteilen. Die Plätzchen in circa
15 Minuten backen. Wichtig: Aus dem Ofen
nehmen, sobald sie anfangen, Farbe zu
bekommen.

Abstauben: Die Plätzchen noch heiß mit der
Zuckermischung abstauben und auf dem
Blech vollständig abkühlen lassen.

Tipp

Genuss pur: Die Plätzchen sehen so köstlich
aus, dass man sie am liebsten sofort essen
möchte. 2 bis 3 Tage sollten sie aber dennoch
in einer Blechdose ziehen dürfen. Dann sind
die feinen Aromen von Matchatee und Ingwer schön durchgezogen und die Kipferl
herrlich mürbe. Der Genuss ist perfekt.

Mount Orange Blanc

TEEGEBÄCK MIT PRALINEN-TOPPING

Zutaten
für 45 Stück

Für das Teegebäck: 100 g Butter ✴ 1 Eigelb ✴ 150 g Weizenmehl Type 405 ✴ 50 g Puderzucker ✴ 20 g Orangeat, fein gehackt
runder Ausstecher 2,5 cm Ø ✴ Backblech mit Backpapier
Für den Marzipankern: 100 g Marzipanrohmasse ✴ 20 g Orangeat, sehr fein gehackt ✴ 10 ml Cointreau
Spritzbeutel mit Lochtülle 8 cm Ø
Für die Ganache: 100 g Sahne ✴ Abrieb von 1 Bio-Orange ✴ 300 g Vollmilchkuvertüre, klein gehackt ✴ 40 g zimmerwarme Butter
Spritzbeutel mit Sterntülle 10 cm Ø
Außerdem: 200 g weiße Schokolade, temperiert (→ S. 9) ✴ Puderzucker, Orangenabrieb oder Zuckersterne nach Geschmack

Teegebäck: Alle Zutaten zügig mit der Hand zu einem glatten Teig verkneten. 30 Minuten in Folie gewickelt kühlen.
Den Backofen auf 180 Grad Umluft vorheizen. Den Teig 3 Millimeter dünn ausrollen und runde Plätzchen mit etwa 2,5 Zentimetern Durchmesser ausstechen.
Diese mit etwas Abstand auf Backblechen verteilen und in circa 12 Minuten goldgelb backen. Kurz auf dem Blech anziehen lassen, anschließend auf einem Gitter vollständig auskühlen lassen.

Marzipankern: Alle Zutaten mit der Hand verkneten. Mit einem Spritzbeutel kleine Tupfen mittig auf die Plätzchen spritzen.

Ganache: Die Sahne mit dem Orangenabrieb kurz aufkochen. Nur ganz leicht abkühlen lassen, dann in einer Schüssel über die Kuvertüre gießen. Langsam rühren, bis sich die Kuvertüre aufgelöst hat. Dann die Butter unterrühren, bis eine glatte Ganache entstanden ist. Für 1 Stunde kalt stellen.

Fertigstellen: Die gekühlte Ganache kurz kräftig aufschlagen. In einen Spritzbeutel mit großer Sterntülle füllen und große Tupfen über das Marzipan auf den Plätzchen dressieren. Die Plätzchen über Nacht an einem kühlen, trockenen Ort ruhen lassen, damit sie an der Oberfläche leicht abtrocknen.

Verzieren: Mit der temperierten weißen Schokolade überziehen (→ Tipp).
Vor dem Servieren nach Belieben mit Puderzucker, Orangenabrieb oder Zuckerstreugut verzieren. Ich fand zu den weißen »Pralinenbergen« Schneeflocken besonders schön.

Tipp

Pralinen perfekt überziehen: Das Überziehen der Pralinen geht am besten mit einer Pralinengabel und einem Pralinengitter. Dazu die Praline vorsichtig »auf dem Kopf«, also verkehrt herum, in die temperierte Kuvertüre sinken lassen, bis sie bis zur oberen Kante eingetaucht ist. Dann die Praline mit der Pralinengabel wenden und aus der Kuvertüre heben. Auf das Pralinengitter setzen, kurz abtropfen lassen und dann mit der Pralinengabel auf Backpapier umsetzen. Nach dem Trocknen gekühlt lagern.

Nougat-Bäumchen

MIT RUMROSINEN

Zutaten
für ca. 30 Stück

Für die Rumrosinen: 60 Rosinen ✳ 2 cl Rum
Für den Teig: 50 g Butter ✳ 150 g zarte
Haferflocken ✳ 60 g Zucker ✳ 1 Prise Salz ✳
60 g Dinkelmehl Type 630 ✳ 1 Msp. Backpulver ✳ 60 g gemahlene Haselnüsse ✳
1 Prise Lebkuchengewürz ✳ 1 Ei ✳
40 ml Milch
Backpapier zum Ausrollen ✳ Sternausstecher
3er-Set ✳ Backbleche mit Backpapier
Zum Fertigstellen: ca. 100 g Nougat ✳
etwas Puderzucker ✳ etwas essbarer
Goldstaub
Spritzbeutel mit Lochtülle 5 mm

Rumrosinen: Die Rosinen über Nacht in
Rum einlegen. Vor der Weiterverwendung
gut abtropfen lassen.

Teig: Den Backofen auf 180 Grad Umluft
vorheizen. Die Butter vorsichtig schmelzen
und wieder leicht abkühlen lassen.
Haferflocken, Zucker, Salz, Dinkelmehl,
Backpulver, Haselnüsse und Lebkuchengewürz vermischen. Das Ei, die flüssige Butter
und die Milch dazugeben und alles am besten
mit der Hand zu einem glatten Teig verkneten. Der Teig kann anschließend gleich wei-
terverarbeitet werden.

Formen: Den Teig zwischen 2 Backpapieren
auf eine Dicke von höchstens 3 Millimetern

ausrollen und mit 3 verschieden großen
Sternformen jeweils eine gleich große Menge
ausstechen. Die Sterne mit etwas Abstand auf
Backbleche verteilen und circa 13 Minuten
im vorgeheizten Backofen backen, bis sie
ganz leicht Farbe bekommen. Achtung: Je
kleiner die Sterne, desto kürzer die Backzeit!
Die Sterne nach dem Backen auf dem Blech
auskühlen lassen.

Zusammensetzen: Den Nougat mit der
Hand etwas weich arbeiten und in einen
kleinen Spritzbeutel mit Lochtülle füllen.
Auf jeden der großen Sterne etwas Nougat
spritzen und darauf 2 Rumrosinen geben.
Anschließend die mittleren Sterne ganz vorsichtig aufdrücken.
Wieder etwas Nougat in die Mitte spritzen,
aber keine Rosinen mehr auflegen, und
zuletzt die kleinen Sterne aufsetzen.
Zuerst mit dem Puderzucker und dann mit
etwas Goldstaub bestäuben.

Tipp

Die Backzeit versüßen: Besonders zarte
Plätzchen haben eine sehr kurze Backzeit,
die von Ofen zu Ofen variieren kann. Schaut
man einen kurzen Moment zu lange weg,
werden sie zu dunkel. Am besten laden
Sie Freunde oder Familienmitglieder als
»Ofenwächter« in die Backstube ein. Die
gemeinsam gezauberten Plätzchen sehen
nicht nur super aus, sie schmecken auch
doppelt so gut.

Paranuss-Cookies

MIT BESCHWIPSTER MANGO

Zutaten
für 40 Stück

Für den Teig: 50 g getrocknete Mango ✴
50 ml Southern Comfort ✴ 105 g Butter ✴
120 g brauner Zucker ✴ 60 g Zucker ✴
3 g Salz ✴ Mark von ½ Vanilleschote ✴
175 g Weizenmehl Type 405 ✴ 5 g Backpulver ✴ 100 g Paranüsse, gehackt ✴
1 Ei ✴ 150 g Zartbitterkuvertüre,
klein gehackt
Backbleche mit Backpapier
Für die Deko: etwas weiße Schokolade,
temperiert (→ S. 9)
Spritztütchen aus Gefrierbeutel oder
kleiner Löffel

Teig: Die getrockneten Mangostücke klein
schneiden und in einem Topf mit dem
Southern Comfort aufkochen. Vom Herd
nehmen und abgedeckt kurz ziehen lassen,
bis die Flüssigkeit aufgesaugt wurde.
Die Butter gründlich mit dem braunen
Zucker, dem Zucker, Salz und Vanillemark
vermengen. Das Mehl mit dem Backpulver
und den Nüssen mischen und anschließend
mit der Butter-Zucker-Mischung verkneten.
Nacheinander das Ei, die Mangostücke und
die gehackte Kuvertüre unterkneten.

Formen: Den Teig in 2 Portionen teilen und
diese jeweils zu einer 30 Zentimeter
langen Stange rollen. Die Rollen in Folie
wickeln und für 30 Minuten in das Gefrierfach legen. Den Backofen rechtzeitig auf
180 Grad Umluft vorheizen.
Die Teigrollen in 1,5 Zentimeter breite Stücke schneiden. Die dicken Scheiben mit
großzügigem Abstand – die Kekse haben
nach dem Backen die doppelte Größe – auf
die vorbereiteten Bleche verteilen und in circa 12 Minuten hell backen. Auf dem Blech
auskühlen lassen.

Verzieren: Nach dem Auskühlen mit der
temperierten weißen Schokolade zu etwa
einem Drittel mit feinen Schokolinien über-
spinnen. Am besten geht das mit einem
kleinen Spritztütchen oder einem an einer
Ecke klein angeschnittenen Gefrierbeutel!

Tipp

Variante für Kinder: Wenn Sie die Cookies
für Kinder backen möchten, kochen Sie die
Mango einfach in Orangensaft. Sie können
die Paranüsse natürlich auch durch andere
Nüsse oder Mandeln ersetzen.

Amarenaküsschen

MIT WALNÜSSEN, ZIMT UND VANILLE

Zutaten
für ca. 50 Stück

Für die Masse: 4 Eiweiße ✶ 120 g Zucker ✶ 1 Prise Salz ✶ 120 g Walnüsse, grob gehackt ✶ 50 g Amarenakirschen, fein gehackt ✶ Mark von ½ Vanilleschote
Außerdem: etwas Zimtpulver
2 Backbleche mit Backpapier

Baiser: Das Eiweiß »warm schlagen«, also mit dem Zucker und der Prise Salz über dem Wasserbad unter ständigem Rühren mit dem Schneebesen auf circa 50 Grad erhitzen. In der Küchenmaschine wieder kalt und zu einem sehr festen Eischnee schlagen. Den Backofen auf 100 Grad Umluft vorheizen. Die Walnüsse mit den Amarenakirschen und dem Vanillemark mischen und vorsichtig unter den Eischnee heben.

Fertigstellen: Mit 2 Esslöffeln Nocken aus dem Baiser stechen und mit etwas Abstand auf den Backblechen verteilen. Die Küsschen mit dem Zimt bestäuben und für 2 Stunden bei ganz leicht geöffneter Ofentür trocknen. Danach trocken lagern.

Tipp

Eischneegestöber in der Küche: Baiser wird, je nach Verwendung, gekocht, heiß oder kalt geschlagen. Stets arbeitet man dabei mit Kristallzucker. Für eine »Italienische Buttercreme« etwa wird der Zucker mit etwas Wasser gekocht und dann heiß dem geschlagenen Eiweiß zugegeben. Dieses »gekochte Baiser« ist sehr stabil.

Hier bei den Amarenaküsschen wird das Eiweiß mit dem Zucker beim Aufschlagen erwärmt. Das hat den Vorteil, dass sich der Zucker gleich auflöst und das »heiß geschlagene Baiser« für die Trockenphase im Ofen schön stabil bleibt.

Bei Baiser als süße Haube für einen Kuchen wird das Eiweiß mit Zucker im Verhältnis 1:1 »kalt aufgeschlagen« und dann nochmal die gleiche Menge Zucker für Stabilität beim kurzen Trocknen im Ofen dazugegeben.

Feuriger Zimtstern

MIT CHILI UND HASELNÜSSEN

Zutaten
für ca. 40 Stück

Für den Teig: 300 g gemahlene Haselnüsse ✳ 200 g Puderzucker ✳ 10 g Zimt ✳ 1 Prise Salz ✳ Abrieb von 1 Bio-Zitrone ✳ 2 Eiweiße ✳ 20 Tropfen Tabasco ✳ 2 gehäufte TL Chiliflocken
Für die Eiweißglasur: 2 Eiweiße ✳ 180 g Puderzucker
Zum Formen: ca. 50 g gemahlene Haselnüsse (zum Arbeiten) ✳ ca. 50 g gemahlene Haselnüsse (2. Ausrollen) kleiner Sternausstecher ✳ Backpapier zum Ausrollen ✳ Backbleche mit Backpapier
Für die Deko: Chilifäden und Marzipan-Goldsterne nach Geschmack

---

Teig: Alle Zutaten in einer Schüssel zu einem gut bindenden Teig verkneten. Er sollte feucht, aber nicht mehr allzu klebrig sein.

Eiweißglasur: Das Eiweiß mit dem Puderzucker gute 10 Minuten kräftig zu einem feinporigen, festen Schnee aufschlagen.

Formen: Den Backofen auf 160 Grad Umluft vorheizen. Den Teig zwischen 2 Bögen Backpapier 1 Zentimeter dick ausrollen. Die Arbeitsfläche mit gemahlenen Haselnüssen bestreuen. Das obere Backpapier vom Teig ziehen und die Teigplatte zum Ausstechen auf die bestreute Arbeitsfläche stürzen. Das 2. Backpapier ebenfalls abziehen.

Gut die Hälfte der Eiweißglasur circa 2 Millimeter dick auf den Teig aufstreichen. Mit dem Ausstecher eng die Sterne ausstechen und diese mit etwas Abstand auf Backblechen verteilen.

2. Formen: Den Restteig mit etwa 50 Gramm Haselnüssen wieder zu einem festen Teig verkneten und nochmals ausrollen wie zuvor. Mit der restlichen Glasur bestreichen und ausstechen. (Die Teigreste verkneten, zu kleinen Kugeln formen und als Nascherei für zwischendurch wie die Sterne backen.) Die Sterne im unteren Drittel des Ofens für circa 12 Minuten backen. Sobald das Eiweiß anfängt, Farbe zu bekommen, die Zimtsterne aus dem Ofen nehmen und auf dem Blech auskühlen lassen. Vor dem Servieren nach Geschmack mit Chilifäden und Marzipansternen garnieren.

Tipp

Das Kreuz mit den Zimtsternen: Alle lieben sie, aber fast keiner macht sie gerne, weil es bei vielen jedes Mal in eine klebrige Katastrophe ausartet …
Mein Tipp: Je nachdem wie fein die Haselnüsse gerieben sind, kann die benötigte Menge stark variieren. Am besten die Nüsse in mehreren Portionen einarbeiten, nach Bedarf etwas weniger oder mehr. Also immer Haselnuss-Reserven bereithalten. Vor Weihnachten kann man ohnehin nie genug Nüsse bunkern.

Mit
Liebe gemacht

HÜFTGOLDPRALINEN, NASCHWERK UND SÜSSES ZUM VERSCHENKEN

Gewürz-Schneeballen

MIT ZIMTZUCKER

Zutaten
für 10 Stück

Für den Teig: 120 g Puderzucker *
10 g Lebkuchengewürz (→ S. 10) *
600 g Weizenmehl Type 550 * 30 g Butter *
5 Eier * Mark von 1 Vanilleschote *
1 Prise Salz
Außerdem: 5 TL Puderzucker * 1 TL Zimt
1 saubere 850-ml-Blechdose (z. B. von Obst),
Deckel und Boden ausgeschnitten *
Fritteuse mit Pflanzenfett * Zange

Schneeballen: Den Puderzucker mit dem Lebkuchengewürz mischen und sieben. Anschließend mit den restlichen Zutaten rasch zu einem festen und glatten Teig verkneten. Den Teig in Frischhaltefolie gewickelt 30 Minuten bei Zimmertemperatur ruhen lassen.
Eine Fritteuse so befüllen, dass die Dose im Frittierkorb bis zur Hälfte im Fett steht. Auf 175 Grad aufheizen. Die Dose einsetzen.

Formen: Den Teig in 10 gleich große Kugeln portionieren. Jeweils zu einem Kreis mit etwa 25 Zentimetern Durchmesser ausrollen.

Für einen Schneeballen einen Kreis mit einem scharfen Messer in etwa 2 Zentimeter breite Streifen schneiden, dabei jedoch rundherum einen durchgehenden Rand von 2 Zentimetern stehen lassen. Nun mit einem Holzkochlöffelstiel nacheinander jeden zweiten Teigstreifen aufnehmen. Wenn der Teig mit dem Kochlöffel von der Arbeitsfläche angehoben wird, hängen die losen Streifen durch, es entsteht eine Art schlaffe Teiggitter-Kugel.

Backen: Den Teig mit einer leichten Drehbewegung vom Löffelstiel in die in der heißen Fritteuse stehende Dose gleiten lassen. Die Dose mit dem Teig nach 1 Minute mithilfe zweier Holzstäbchen umdrehen. Eine weitere Minute backen. Die heiße Dose mithilfe einer Zange aus dem Fett nehmen und den Schneeballen noch eine weitere Minute lose fertig backen. Auf einem Gitter abtropfen und vollständig auskühlen lassen. Auf diese Weise alle Schneeballen backen.
In einer Blechdose halten sie bis zu 20 Tage.

Servieren: Den Puderzucker mit dem Zimt vermischen und den Schneeballen dünn damit abstauben.

Weihnachtsmarmelade

À LA CAFÉ BEER

Zutaten
für 12 Gläser

Für die Marmelade: 1 kg gefrorene Zwetschgen, geviertelt ∗ 250 ml trockener Rotwein ∗ 50 ml Rum ∗ 100 g Macadamianüsse, gehackt ∗ 50 g Pinienkerne ∗ 100 g getrocknete Feigen, in dünne Streifen geschnitten ∗ 400 g Orangenfilets ∗ 200 ml Maracujanektar ∗ 100 ml naturtrüber Apfelsaft ∗ 100 ml Limettensaft, frisch gepresst ∗ 2 EL Lebkuchengewürz (→ S. 10) ∗ 1 kg Gelierzucker 2:1 12 Gläser mit Schraubverschluss à 260 ml, frisch ausgekocht

Rotweinzwetschgen: Die Zwetschgen in einem Topf mit Rotwein und Rum 1 bis 2 Tage gekühlt ziehen lassen.

Nüsse: Die Macadamianüsse in einer Pfanne ohne Fett rösten. Die Pinienkerne ebenfalls rösten. Abkühlen lassen.

Marmelade: Die Gläser bereitstellen. Alle Zutaten bis auf die Nüsse mit zu den Rotweinzwetschgen in den Topf geben. Die Mischung zum Kochen bringen und für 5 Minuten sprudelnd kochen lassen. Den eventuell entstehenden Schaum abschöpfen. Erst direkt vor dem Abfüllen die Nüsse unterrühren.
Die Marmelade kochend heiß in die Gläser füllen und die Deckel fest aufschrauben. Nach einigen Wochen wird die Marmelade etwas blasser, sie hält aber viele Monate.

Tipp

Varianten: Diese Marmelade lässt viel Spielraum für eigene Ideen: Sie haben bereits eingelegte Rumfrüchte? – Nehmen Sie diese anstelle der Zwetschgen. Sie mögen keine Nüsse in der Marmelade? Lassen Sie sie einfach weg. Sie haben keinen Maracujanektar? Nehmen Sie einfach Orangensaft.
Sie können die Marmelade auch zum Füllen Ihrer Plätzchen verwenden: Ich würde sie dafür mit dem Mixer noch etwas pürieren.

Weihnachtsfudge

KARAMELLEN MIT ANIS

Zutaten
für 50 Stück

Für die Fudgemasse: 150 ml Milch ✳
175 ml Kondensmilch ✳ 3 TL Anissamen ✳
500 g Zucker ✳ 100 g Butter
Backrahmen ca. 13 x 20 cm, auf einem
Blech mit Backpapier
Für die Deko: 1 EL Anissamen, leicht
gemörsert

Anismilch: Die Milch und die Kondensmilch zusammen mit den Anissamen in einem Topf aufkochen, dann vom Herd nehmen und zugedeckt abkühlen lassen. Über Nacht gekühlt ziehen lassen, damit sich das Anisaroma voll entfalten kann.

Fudgemasse: Am nächsten Tag die gut durchgezogene Milchmischung abseihen, um die Anissamen zu entfernen. Die Flüssigkeit anschließend wieder zurück in den Topf geben. Zucker und Butter dazugeben und die Mischung unter gelegentlichem Rühren langsam erhitzen, bis sie kocht.
Sobald die Mischung zu kochen beginnt, ohne Rühren bis auf 117 Grad erhitzen. Dies kann bis zu 30 Minuten dauern! Die Masse sollte dabei eindicken und leicht karamellfarbig werden.

Sobald dies geschehen ist, den Topf vom Herd nehmen und die Masse 5 Minuten auskühlen und ruhen lassen. Danach für ungefähr 5 Minuten mit einem Spatel umrühren, sodass etwas Luft eingearbeitet wird.

Formen: Die fertig gerührte Fudgemasse in den vorbereiteten Rahmen füllen. Sie ist zwar zähflüssig, läuft aber von alleine in alle Ecken. Ein Glattstreichen ist also nicht notwendig. Sobald sich die Fudgemasse geglättet hat, mit den gemörserten Anissamen bestreuen. 5 Stunden auskühlen lassen. Nach dem Auskühlen mit einem Messer in kleine Würfel schneiden. In einer Blechdose halten die Fudge ungekühlt 3 bis 4 Wochen.

Tipp

Die Temperatureinhaltung beim Kochen ist sehr wichtig, sonst wird die Süßigkeit zu hart oder zu weich. Daher sollte man unbedingt ein Thermometer verwenden und Geduld beim Kochen mitbringen!

Varianten: Man kann den Anis auch durch eine Vanilleschote (Mark auskratzen und auch die Schote mitkochen) oder durch eine Zimtstange ersetzen. Oder man kocht anstelle der Anissamen Kaffeebohnen mit der Milch und seiht sie nach dem Abkühlen wieder ab.

Glühweintrüffel

MIT WEISSWEIN UND WEISSER SCHOKOLADE

Zutaten
für 35 Stück

Für das Glühweingelee: 100 ml trockener Weißwein ✳ 10 ml Gewürzessenz (→ S. 10) ✳ 50 g Gelierzucker 2:1
Für die Ganache: 20 ml trockener Weißwein ✳ 20 ml Gewürzessenz (→ S. 10) ✳ 90 g weiße Schokolade, klein gehackt ✳ 25 g Butter
Spritzbeutel mit Lochtülle 8 mm Ø oder Fülltülle
Für die Hülle: 35 Zartbitter-Hohlkörper ✳ 250 g Zartbitterkuvertüre, temperiert (→ S. 9) 2 Pralinengabeln ✳ Pralinengitter
Für die Deko: etwas Puderzucker ✳ 35 Fondantsterne

Glühweingelee: Den Weißwein, die Gewürzessenz und den Gelierzucker in einem Topf 5 Minuten sprudelnd kochen lassen. Eventuell entstehenden Schaum abschöpfen. Vom Herd nehmen und das Gelee im Topf vollständig auskühlen lassen.

Ganache: Den Weißwein und die Gewürzessenz in einem Topf auf 60 Grad erhitzen. In einer Schüssel über die weiße Schokolade gießen und langsam rühren, bis sie sich aufgelöst hat. Im Anschluss die Butter dazugeben und mit einem Spatel so lange rühren, bis eine glatte Ganache entstanden ist.

Füllen: Gelee und Ganache zusammen in eine Schüssel geben und mit dem Stabmixer zu einer glatten Masse mixen, ohne dabei Luft einzuarbeiten. Dazu am besten den Stab seitlich eintauchen, sodass keine Luft in der Glocke mit nach unten gedrückt wird, und beim Mixen tief genug bleiben.
Die fertige Füllung in einen Spritzbeutel mit einer kleinen Loch- oder einer Fülltülle geben und in die Hohlkörper einfüllen. 1 Tag kühl und trocken ruhen lassen.

Überziehen: Die Hohlkörper zuerst mit einem kleinen Tropfen temperierter Kuvertüre verschließen. Kurz anziehen lassen. Danach die Pralinen mit Kuvertüre überziehen und dabei igeln: Dazu werden sie in die Kuvertüre getaucht, dann mit einer Pralinengabel herausgehoben und auf das Pralinengitter gelegt. Sobald die Kuvertüre anfängt fest zu werden, die Pralinen mit 2 Gabeln auf dem Gitter hin und her rollen. Auf einen Bogen Backpapier setzen und vollständig fest werden lassen.

Deko: Die Trüffel ganz leicht mit Puderzucker abstauben und mit einem Fondantstern dekorieren. Diesen eventuell mit etwas Kuvertüre oder Eiweißglasur festkleben.

Tipp

Zuckersterne gibt es zu kaufen. Sie können Ihre Deko aber auch ganz leicht selber machen: Dekorfondant dünn ausrollen und ausstechen oder Sterne mit dicker Eiweißglasur (→ Seite 11) auf Backpapier spritzen und fest werden lassen.

Süße Schneemänner

AUS KOKOS-MARZIPAN-PRALINEN

Zutaten
für 20 Stück

Für die Pralinenmasse: 300 g Marzipanrohmasse ✳ 80 ml Batida de Coco ✳
60 g Kokosflocken, geröstet ✳ 30 g Honig ✳
30 g Maracujasirup ✳ 30 ml Rum ✳
50 g Kakaobutter, geschmolzen
Spritzbeutel mit Lochtülle 10 cm Ø ✳
Bleche mit Backpapier
Für die Kokoshülle: 200 g Kokosflocken ✳
200 g weiße Schokolade, temperiert (→ S. 9)
Backpapier
Für die Spritzglasur: 1 Eiweiß ✳
300 g Puderzucker, gesiebt ✳ Lebensmittelfarbe in Orange und Schwarz
2 Spritztütchen aus Backpapier mit
sehr kleinem Loch
Für die Zylinder: 400 g schwarzes Marzipan
oder Zuckerdekormasse

Pralinen: Alle Zutaten bis auf die Kakaobutter in einer Küchenmaschine oder mit dem
Mixer glatt rühren. Dann die Kakaobutter
dazugeben und weiter kräftig mixen, bis eine
homogene Creme entstanden ist. Für 2 Stunden im Kühlschrank fester werden lassen.

Formen: Die Pralinenmasse gute 5 Minuten
kräftig aufschlagen, sodass sie fast weiß wird.
Mit einem Spritzbeutel mit großer Lochtülle
auf Blechen mit Backpapier für jeden Schnee-
mann 3 Kugeln aufspritzen, also insgesamt
60: Die unteren 20 Kugeln sollten etwa wal-
nussgroß sein, die restlichen 40 Kugeln etwa
halb so groß. Über Nacht kühlen.

Überziehen: Die Kokosflocken in eine große
Schüssel geben. Beginnen Sie mit den 20 großen Kugeln: Ein wenig temperierte weiße
Schokolade in die Handflächen geben und
jede Praline damit nachrollen. Anschließend
sofort in die Schüssel mit den Kokosflocken
geben und durch sanftes Rütteln ummanteln.
Die Pralinen auf ein Backpapier setzen und
noch bevor die Schokolade fest wird oben
leicht flach drücken. Das Ummanteln mit
den restlichen Pralinen wiederholen, nur die
20 Köpfe nicht flach drücken.

Zusammensetzen: Alle Pralinen vollständig
fest werden lassen, dann mit der temperierten weißen Schokolade immer 3 Kugeln auf-
einandersetzen.

Eiweißglasur: Das Eiweiß mit dem Puderzucker zu einer sehr festen Eiweißglasur
(→ Seite 11) rühren. Für die Nasen etwa
ein Sechstel davon orange einfärben. Bei
Bedarf noch etwas Puderzucker dazugeben,
damit die Glasur fester wird! Mithilfe einer
kleinen Spritztüte die Möhrennasen aufgarnieren. Den Rest der Glasur schwarz
einfärben und Knöpfe, Augen und Münder
aufgarnieren. Die übrige schwarze Glasur
brauchen wir für die Zylinder.

Zylinder: Aus dem schwarzen Marzipan
20 kleine, runde Plättchen mit 1,5 Zentimetern Durchmesser formen. Aus dem Rest
eine etwa 1 Zentimeter dicke Rolle formen
und in 20 Teile schneiden. Die Hüte mit der
schwarzen Glasur zusammenkleben und den
Schneemännern aufsetzen.

Hüftgold verschenken

Noch schöner als Selbernaschen ist es, selbst gemachte
Kreationen zu verschenken. Und nicht nur Kinder freuen sich über
liebevoll gestaltete Süßigkeiten.

Bewusst Schenken

Oft wissen wir gar nicht mehr, was wir
schenken sollen. Und wenn wir ehrlich sind,
haben wir ja auch alles, was wir brauchen.
Deshalb schenken viele gerne Essbares, das
steht wenigstens nicht ewig nutzlos rum …
Und selbst gemachte Pralinen, Marmeladen
& Co. haben ganz sicher keinen faden
»Verlegenheits-Beigeschmack«.

Von Herzen

Liebevoll verpackt sind Pralinen ein Geschenk, das jedem Freude macht. Die Fudges und die Pralinenmassen im Buch können Sie außerdem durch das Tauschen von Gewürzen individualisieren. Wer wünscht sich nicht eine eigene Pralinensorte? Pralinen sollten immer gut gekühlt und mit Datum versehen werden, Fudge oder Lebkuchenkonfekt halten länger und ohne Kühlung.

»Sag's durch die Blume?
Ich als Konditor schenke Zuneigung
am liebsten durch Hüftgold-Minis!«

Weihnachts-Macarons

MIT MANDELN UND ZITRONENCREME

Zutaten
für ca. 30 Stück

Für die Masse: 75 g geschälte, gemahlene Mandeln ✳ 125 g Puderzucker ✳ 2 Eiweiße ✳ 20 g Zucker ✳ 2 TL rotes Lebensmittelfarbpulver Macaron-Silikonbackmatte oder Backblech mit Backpapier ✳ Spritzbeutel mit Lochtülle 10 mm Ø
Für die Zitronencreme: 75 g Butter ✳ 120 g Puderzucker ✳ Abrieb von 1 Bio-Zitrone ✳ 180 g Frischkäse ✳ Saft von ½ Bio-Zitrone ✳ 150 g Puderzucker
Außerdem: Kerne von 1 Granatapfel ✳ 1 EL Zimt
Spritzbeutel mit Lochtülle 6–8 cm Ø

Masse: Die Mandeln und den Puderzucker mischen, in einer Küchenmaschine sehr fein mahlen. Durch ein feines Sieb sieben. Danach das Eiweiß schaumig schlagen und, sobald es beginnt weiß zu werden, den Zucker einrieseln lassen. Vollständig steif schlagen. Dann die Lebensmittelfarbe und anschließend die Mandelmischung vorsichtig unter den Eischnee ziehen. Die Macaronmasse hat nun eine leicht fließende Konsistenz. Die Masse in einen Spritzbeutel mit großer Lochtülle füllen und 60 etwa 3 Zentimeter große Tupfen auf die Macaronmatte oder auf Backbleche aufdressieren. Anschließend die Macarons 20 bis 30 Minuten ruhen lassen, bis sie eine leichte Haut bekommen haben.

Rechtzeitig den Backofen auf 140 Grad Ober-/Unterhitze vorheizen und die Macarons 12 bis 14 Minuten auf der mittleren Schiene backen. Auf der Matte oder auf dem Papier auskühlen lassen.

Zitronencreme: Die Butter mit den 120 Gramm Puderzucker und dem Zitronenabrieb hell-cremig aufschlagen. Dann den Frischkäse und den Zitronensaft dazugeben und beides zügig, aber vorsichtig unterrühren, um die Creme nicht zu überschlagen. Zum Schluss den restlichen Puderzucker unterziehen.

Zusammensetzen: Die Creme in einen Spritzbeutel mit mittelgroßer Lochtülle füllen. Die Hälfte der Macarons umdrehen und jeweils eine walnussgroße Menge der Zitronenfüllung aufdressieren.
In jeden Cremetupfen mittig 6 bis 8 Granatapfelkerne drücken. Die Füllung anschließend mit Zimt bestäuben. Dann die restlichen Macaronhälften aufsetzen.
Die Macarons über Nacht kühlen, damit die Creme fest wird.

Tipp

Illex-Deko: Zum Servieren habe ich 100 Gramm grünes Marzipan dünn ausgerollt und 90 kleine Illexblätter ausgestochen. Aus etwa 20 Gramm Johannisbeerkonfitüre habe ich noch die roten Früchte aufgetragen.

Beers Kakaowürfel

MIT GEBRANNTEN MACADAMIANÜSSEN UND KAFFEEKNUSPER

Zutaten
für 20 Stück

Für die gebrannten Macadamianüsse:
100 g Macadamianüsse ✶ 50 g Zucker
Backpapier
Für die Ganache: 150 g Sahne ✶
20 g Kakaopulver ✶ 170 g Zartbitterkuvertüre, fein gehackt ✶ 100 g Nougat
Zum Formen: Kakaopulver zum Bestäuben
Back- oder Dessertrahmen 12 x 15 cm
auf einem Backblech, faltenfrei mit
Frischhaltefolie ausgelegt
Für die Dekosterne: ca. 150 g weiße
Schokolade, temperiert (→ S. 9) ✶ Kakao-
pulver zum Bestäuben
Backpapier ✶ Sternausstecher mit
ca. 5 cm Ø ✶ Sternausstecher mit ca. 1,5 cm Ø
Für das Kaffeeknusper: 5 g Instantkaffee-
pulver ✶ 20 g Filterkaffee (kalt) ✶
30 g Cornflakes ✶ 100 g weiße Schokolade,
temperiert (→ S. 9)
Backblech mit Backpapier
Außerdem: temperierte weiße Schokolade
kleines Spritztütchen

Gebrannte Macadamianüsse: Die Nüsse mit dem Zucker in einer Pfanne karamellisieren lassen (→ Tipp Seite 88). Auf ein Backpapier ausbreiten, auskühlen lassen und anschließend in grobe Stücke hacken.

Ganache: Die Sahne mit Kakaopulver aufkochen, leicht abkühlen lassen. In einer Schüssel über die Zartbitterkuvertüre und das Nougat gießen. Langsam glatt rühren. Dann die gehackten Nüsse untermischen.

Formen: Die Pralinenmasse in den vorbereiteten Rahmen gießen. Sie sollte etwa 3 Zentimeter hoch stehen. Mindestens 2 Stunden abgedeckt kühl stellen.
Die ausgekühlte Masse gleichmäßig mit Kakaopulver abstauben, den Rahmen entfernen und etwa 3 Zentimeter große Würfel schneiden. Kühl lagern.

Dekosterne: Die temperierte weiße Schokolade mit einer Winkelpalette auf einem Backpapierabschnitt etwa 2 Millimeter dick aufstreichen und abkühlen, aber nicht ganz fest werden lassen.
Aus der Schokolade ausreichend große und kleine Sterne ausstechen. Mit Kakaopulver bestäuben und vollständig aushärten lassen.

Knusper: Den Backofen auf 100 Grad Umluft vorheizen. Den Instantkaffee im Filterkaffee auflösen und die Cornflakes damit vermischen.
Die Cornflakes sofort auf einem Backblech ausbreiten und im Ofen in circa 60 Minuten wieder knusprig trocknen lassen.
Die temperierte weiße Schokolade in einer Schüssel unter die Cornflakes mischen.
Mit einem kleinen Löffel 20 kleine Häufchen auf Backpapier setzen. Nur kurz anziehen lassen.

Fertigstellen: Zum Zusammenkleben etwas temperierte weiße Schokolade in ein kleines Spritztütchen füllen und damit zuerst die Würfel auf die großen Sterne kleben. Dann die Knusperhäufchen mittig auf die Würfel setzen. Zuletzt noch die kleinen Sterne daraufsetzen.

Lebkuchenkonfekt

MIT MARZIPAN, TROCKENFRÜCHTEN UND NÜSSEN

Zutaten
für ca. 60 Stück

Für die Lebkuchenmasse: 110 g Marzipanrohmasse ✳ 80 g Aprikosenkonfitüre ✳ 25 g Zitronat, fein gehackt ✳ 75 g Orangeat, fein gehackt ✳ 340 g Haselnüsse, fein gerieben ✳ 100 g Walnüsse, fein gerieben ✳ 60 g Weizenmehl Type 550 ✳ 10 g Lebkuchengewürz (→ S. 10) ✳ 4 g Backpulver ✳ 2 g Hirschhornsalz ✳ 5 Eiweiße ✳ 330 g Zucker ✳ 1 Prise Salz Spritzbeutel mit Lochtülle 10 mm Ø ✳ 2 Backbleche mit Backpapier
Für die Zuckerglasur: 50 ml Wasser ✳ 150 g Zucker

Lebkuchenmasse: Die Marzipanrohmasse mit der Aprikosenkonfitüre, dem Zitronat und dem Orangeat von Hand verkneten. Die Nüsse mit dem Mehl, dem Lebkuchengewürz und dem Backpulver vermischen und bereitstellen. Das Hirschhornsalz mit ein paar Tropfen Wasser auflösen.
Das Eiweiß in einer großen Schüssel mit dem Zucker und der Prise Salz nicht zu schnell, aber gründlich steif schlagen.
Nun das aufgelöste Hirschhornsalz und die Marzipan-Aprikosen-Masse vorsichtig mit dem Eischnee vermischen. Zum Schluss die Mehl-Nuss-Mischung unterheben. Die Masse für 30 Minuten abgedeckt ruhen lassen.

Formen: Die Masse nochmals kurz durchmischen und anschließend in einen Spritzbeutel mit großer Lochtülle füllen. Auf 2 vorbereiteten Backblechen mit einem großzügigen Abstand etwa 60 walnussgroße Kuppeln aufspritzen.
Für mindestens 12 Stunden an einem trockenen und warmen Ort trocknen lassen. Alternativ für 1 Stunde in den 45 Grad warmen Backofen stellen und anschließend noch für 1 Stunde in der Küche fertig trocknen lassen.

Glasur: Etwa 1 Stunde, ehe Sie die Lebkuchen backen, für die Glasur Wasser und Zucker in einem Topf mischen und auf 112 Grad erhitzen. Leicht abkühlen lassen. Die Lebkuchen werden nach dem Backen noch lauwarm damit bestrichen.

Backen: Den Backofen auf 160 Grad Umluft vorheizen. Das Lebkuchenkonfekt circa 14 Minuten backen. Auf dem Blech lauwarm auskühlen lassen und dann mit der Glasur bestreichen. Anschließend vollständig abkühlen lassen. Alternativ ausgekühlt mit temperierter Kuvertüre (→ Seite 9) überziehen.

Tipp

Perfekt geformte Lebkuchen: Damit Ihre Lebkuchen die gewünschte Form halten, müssen sie vor dem Backen richtig gut trocknen. Ansonsten laufen sie beim Backen breit.

Pistazientrüffel

MIT VANILLE UND GOLD

Zutaten
für 45 Stück

Für die Trüffelmasse: 120 g Sahne *
Mark von ½ Vanilleschote * 200 g Vollmilchkuvertüre, klein gehackt * 100 g Zartbitterkuvertüre, klein gehackt * 50 g zimmerwarme Butter * 40 g gemahlene Pistazien
Blech mit Backpapier * Spritzbeutel
mit Lochtülle 8 mm Ø
Zum Überziehen: ca. 250 g Zartbitterkuvertüre, temperiert (→ S. 9) * goldene Zuckerperlen und Spritzglasur (gekauft oder
dicke Eiweißglasur) nach Geschmack *
essbarer Goldstaub
Backpapier

Trüffelmasse: Die Sahne mit dem Vanillemark in einem Topf aufkochen und anschließend leicht abkühlen lassen. Dann in einer
Schüssel über die Kuvertüren gießen und
langsam rühren, bis sie sich vollständig aufgelöst hat. Zuletzt die zimmerwarme Butter
dazugeben und weiter rühren, bis eine glatte
Ganache entstanden ist.

Zum Schluss noch die gemahlenen Pistazien
unterrühren. Für 1 Stunde im Kühlschrank
fest werden lassen.

Formen: Die durchgekühlte Trüffelmasse
mit der Küchenmaschine oder mit dem
Handmixer aufschlagen. In einen Spritzbeutel mit mittlerer Lochtülle geben und etwa
walnussgroße spitze Tupfen auf ein Blech
oder Tablett mit Backpapier spritzen. Für
mindestens 1 weitere Stunde kalt stellen.

Überziehen: Die gekühlten Ganachetupfen
mit der temperierten Zartbitterkuvertüre
überziehen (→ Tipp Seite 92). Auf ein Pralinengitter setzen, kurz abtropfen lassen
und dann auf ein Backpapier umsetzen.
Nach Geschmack auf einige Pralinen noch
goldene Zuckerperlen aufstreuen. Fest
werden lassen.
Als weitere Verzierung mit Spritzglasur
spiralförmige Linien aufdressieren. Sobald
die Spritzglasur ganz fest geworden ist, die
Pralinen großzügig mit essbarem Goldstaub
abstauben.
Die Pralinen halten gekühlt etwa 30 Tage.

Rezeptverzeichnis

Dankesworte

Natürlich möchte ich die Möglichkeit nicht auslassen um mich bei einigen Personen, die mir nicht nur bei diesem Buch geholfen haben, zu bedanken:

Da wären in erster Linie meine Eltern, die mir zum Glück das Familien-Konditoren-Gen weitergegeben haben. Die mich nicht nur bei meinem beruflichen Werdegang unterstützten und hinter mir standen. Ihr wärt sicher sehr stolz auf dieses Buch.

Danke natürlich auch an meine liebste Frau Sabine und unsere beiden Kinder Leila und Flin. Ihr 3 seid mein ganz persönliches Glück, mein Antrieb nicht nachzulassen und immer weiter zu machen.

Mein großer Dank geht auch an meine Backstubenleiterin und Meisterin Susanne Jüttner, mit der ich immer sehr gerne konstruktiv und vor allem kreativ zusammenarbeite. Deine Hilfe und tolle Unterstützung bei diesem Buch war mir eine große Freude.

Danke auch an mein ganzes Team in der Backstube und im Laden für das viele Testen und Probieren und euren ehrlichen Meinungen zu den Backproben.

Danke auch an alle meine vielen guten Freunde, hier besonders an Kathi, die mir nicht nur mit Ihrem »guten Geschmackssinn« auf der Suche nach den perfekten Rezepten sehr geholfen haben.

Martin Rößler ist Konditormeister und seit 2008 TV-Konditor im BR-Magazin *Wir in Bayern*. Im Jahr 2015 belegte er mit seinem Team den 2. Platz bei der ZDF Sendung *Deutschlands bester Weihnachtsbäcker*. In Nürnberg, der Stadt des weltberühmten Christkindles-Marktes, ist er in 6. Familiengeneration Chef der traditionsreichen Konditorei *Café Beer*. Der Autor sorgt mit einer riesigen Kuchen- und Tortenauswahl und einem feinen Sortiment selbst hergestellter Pralinen dafür, dass der Name Rößler für höchste Qualität steht.
Weitere Infos: www.cafebeer.de

Dorothee Gödert ist Foodfotografin mit Gaumen, Leib und Seele. In ihrem bestens ausgestattetem Studio in Frankfurt am Main fotografiert und kocht sie seit 1998.
Nach Beendigung der Fotografenausbildung, assistierte sie in unterschiedlichen Bereichen der Fotografie. Bevor sie sich selbstständig machte, arbeitete sie mehrere Jahre mit dem Foodfotografen Christian Teubner zusammen. Zu ihren Auftraggebern gehören renommierte Verlage, Werbeagenturen und Direktkunden.
Mehr unter: www.d-goedert.com

Impressum

Bibliografische Information der Deutschen Nationalbibliothek
Die Deutsche Nationalbibliothek verzeichnet diese Publikation in der Deutschen Nationalbibliografie; detaillierte bibliografische Daten sind im Internet über http://dnb.d-nb.de abrufbar.

BLV Buchverlag
GmbH & Co. KG
80636 München

© 2017 BLV Buchverlag GmbH & Co. KG, München

www.facebook.com/blvVerlag

Bildnachweis
Foodfotografie und Foodstyling: Dorothee Gödert, außer S. 123: ©stockfood/Fotos mit Geschmack
S. 128 Portrait Fotografin: Katrin Denkewitz
Hintergrundfond: royalstockfoto – fotolia.com
Illustrationen: Flügel: Bitter – fotolia.com; Engel: Linea – fotolia.com

Umschlagkonzeption und Gestaltung: BLV-Verlag
Umschlagfotos: Foodfoto Vorderseite: stockfood/Fotos mit Geschmack; Autorenportrait und Rückseite: Dorothee Gödert
Illustration Umschlag: Shutterstock

Lektorat: Sonja Forster
Herstellung: Angelika Tröger
Layout/DTP: griesbeckdesign, Dorothee Griesbeck, München

Gedruckt auf chlorfrei gebleichtem Papier

Printed in Germany • ISBN 978-3-8354-1738-0

Hinweis
Das vorliegende Buch wurde sorgfältig erarbeitet. Dennoch erfolgen alle Angaben ohne Gewähr. Weder Autor noch Verlag können für eventuelle Nachteile oder Schäden, die aus den im Buch vorgestellten Informationen resultieren, eine Haftung übernehmen.